송전탑 뽑아줄티 소나무야 자라거라

별도의 표시가 없는 한 교육공동체 벗이 생산한 저작물은 크리에이티브 커먼즈
[저작자표시-비영리-변경금지 4.0 국제 라이선스]에 따라 이용하실 수 있습니다.
http://creativecommons.org/licenses/by-nc-nd/4.0

송전탑 뽑아줄티
소나무야 자라거라

ⓒ 김영희, 2019

2019년 9월 19일 처음 펴냄

글쓴이 | 김영희
그린이 | 강귀영 강순득 강순자 고준길 구미현 권귀영 권영길 김계옥 김길곤 김말순(고정) 김말순(용회) 김무출
故김사례 김영자 김옥희 김장옥 김진명 김쾌늠 김필선 박삼순 박손련 박은숙 박정숙 박정호
박후복 서종범 손달연 손수상 안병수 안원일 유순남 윤여림 이남우 이사라 이춘화 장문선
장옥수 장종필 전병례 정순기 정용순 정임출 조원규 한옥순
프로젝트 기획 및 실행 | 김영희, 이충열, 이영주, 김시연, 윤지현 & 말과 연대
기획 · 편집 | 이진주, 이경은, 설원민
출판자문위원 | 이상대, 박진환
디자인 | 더디앤씨 www.thednc.co.kr
제작 | 세종 PNP

펴낸이 | 김기언
펴낸곳 | 교육공동체 벗
이사장 | 심수환
사무국 | 최승훈, 이진주, 이경은, 설원민, 김기언, 공현
출판등록 | 제2011-000022호(2011년 1월 14일)
주소 | (03971) 서울시 마포구 성미산로1길 30 2층
전화 | 02-332-0712
전송 | 0505-115-0712
홈페이지 | communebut.com
카페 | cafe.daum.net/communebut

ISBN 978-89-6880-122-8 03300

이 도서의 국립중앙도서관 출판예정도서목록(CIP)은 서지정보유통지원시스템 홈페이지(http://seoji.nl.go.kr)와
국가자료종합목록 구축시스템(http://kolis-net.nl.go.kr)에서 이용하실 수 있습니다. (CIP제어번호 : CIP2019035004)

송전탑 뽑아줄티 소나무야 자라거라

고욤공동체벗

목차

들어가는 말

1부   밀양의 빛깔　　　　　　　　　　020

2부   너와 나, 서로 마주 본 얼굴　　　056

3부   곱디고운 내 몸　　　　　　　　094

4부   송전탑과 꽃　　　　　　　　　134

5부   함께 싸워 온 우리　　　　　　　196

들어가는 말

첫 번째 마디

처음 누군가의 '말'을 듣기 위해 그의 앞에 앉았을 때 나는 내가 어떤 모양새로 앉아 있는지, '말을 듣는다'는 것이 어떤 의미를 갖는 일인지 전혀 생각하지 못했다. 스무 해도 더 전에 나의 '듣는 자리'는 그저 아무도 듣지 않는 '말'을 '내'가 듣고 있다는 치기 어린 자부심과 사라져 가는 것들을 '내'가 '여기'에 붙잡아 둘 수 있다는 사명감으로 가득했다.
그러나 스무 해의 시간이 지나고 다시 여섯 해가 흘러가는 지금 '듣는다'는 것은 내게 너무 어려운 일이다. 최선을 다해 귀를 기울이지만, 말을 듣는 나의 자리와 말을 하는 이들의 자리 사이에는 언제나 줄어들지 않는 간극이 있기 때문이다. 나는 이제 누군가의 말을 듣는 것이 '옳고 정당한 일'이어서 어떤 태도로 듣든, 들은 말을 어떻게 '전달'하든 문제될 것이 없다는 생각은 하지 않는다. 또한 섣불리 내가 말하고 있는 이의 감정에 공감하고 있다고 말하지 않으며, 내가 덧보태지도 덜어내지도 않은 채 있는 그대로의 '말'을 전달하고 있다고도 생각하지 않는다.
'말'을 듣는 자리에 대한 나의 숙고는 '조심스러움'으로 귀결되었다. 누군가의 말을 듣는 것은 모두 '만남'으로 시작되었고 이 '만남'은 시간이 갈수록 내게 어려운 일이 되었다. 나는 조심스럽게 만났고, 조심스럽게 들었다. 나는 이 조심스러운 발걸음 속에서 한 가지 약속을 마음속에 품게 되었다. 그것은 내가 누군가의 '말'을 '매개'하고 있다는 사실을 잊지 않는 것, 그리고 내가 이 '말'을 '글'로 옮기는 순간 이 '매개'의 두께를 반드시 명확하게 드러내겠다는 약속이었다.

'말'을 듣는 것은 여전히 조심스러운 일이지만, 그렇다고 해서 '말'을 듣는 일을 멈출 수는 없다. 아직 드러난 말보다 드러나지 않은 채 억압된 말들이 많기에 '말'을 듣는 것'은 여전히 긴요한 일이다. '말'의 억압과 봉인은 '말'을 할 수 있는 권한과 '말'이 만들어 내는 효과에 대한 승인이 사회적 담론장 안에서 불균등하고 비대칭적이라는 사실을 보여 준다. 누군가의 '말'은 크고 웅장하게, 반복적으로 울려 퍼지는 반면 누군가의 '말'은 애초에 발화되지도 못한 채 봉인된다. 또 어떤 '말'은 엄청난 사회정치적 파장을 만들어 내지만, 어떤 '말'은 발화되자마자 지워져 버린다.

언젠가 '밀양 할매'가 '철탑에 올라가 농성하는 노동자들의 심정이 이해된다'는 말을 한 적이 있다. '높은 곳에 올라서야 목소리를 드러낼 수 있었던 이들의 심정이 지금 송전탑에 올라가 소리 높여 외치고 싶은 자신의 마음과 똑같다'는 것이다. '밀양 할매'의 이 말은 '말을 하는 자리'가 '말을 듣는 사람들'을 통해 만들어진다는 사실을 여실히 보여 준다.

> "예전에는 높은 데 올라가서 데모하는 노동자들 보믄 세상에 저런 빨갱이들이 다 있나, 저놈들 때문에 나라 망한다 그랬는데 요새는 그런 생각 안 한다. 오죽하믄 올라갔을까, 오죽 이야기 들어 주는 사람이 없으면 저 높은 데 올라가서 저라고 있을까 싶은 게 똑 내 마음하고 똑같드라카이. 나도 마 송전탑에 올라가가 마 양껏 소리치고 싶으니까이."

'말'들이 쏟아져 나오는 공론의 마당에서 누군가의 '말'은 계속해서 지워지거나 처음부터 배제된다. '탈핵'과 '생명'의 가치를 부르짖는 '밀양 할매'의 '말'은 이 마당에서 어떤 자리를 갖고 있을까? '밀양 할매'의 '말'이 드러날 수 있는 자리, 그 목소리가 울려 퍼질 수 있는 자리가 '여기 이 마당' 안에 있기는 한 것일까?

들어 주는 이 없는 '말'은 점점 더 높은 곳으로 올라간다. 이 땅에 '첨탑 위의 말들이 유난히 많은 것은 자기 자리를 갖지 못한 '목소리'들이 수없이 많기 때문이다. 이 땅 위에서는 이 '목소리'를 들으려는 이들이 없어 점점 더 높은 곳으로 올라가 '외치게' 되는 것이다.

이 책은 이 '목소리'들이 내려앉을 자그마한 자리 하나를 만들기 위해 기획되었다. 이 자리에 한 사람이 앉고 그 곁에 또 다른 한 사람이 앉게 된다면 이제 하늘 꼭대기까지 올라간 목소리들이 땅으로 내려올 날도 멀지 않을 것이기 때문이다.

들 어 가 는 말

두 번째 마디

'밀양 할매'들과 그림을 그리기 위해 처음 마을로 들어갔을 때 할매들은 모두 들떠 있었다. 당시는 신고리 5·6호기 원자력발전소의 건설 중단과 재개를 둘러싼 '공론화위원회'에 관한 논의가 한창 무르익은 무렵이었다. 일반 시민들이 전문가들의 견해를 듣고 여러 관련 자료들을 검토한 후 토론을 통해 권고안을 만들면 이 안을 적극적으로 수렴하겠다는 것이 당시 정부의 방침이었다. '밀양 할매'는 원자력발전을 둘러싼 정보를 제대로 전달받기만 한다면 대부분의 시민들이 원자력발전소를 더 짓는 일을 반대할 것이라고 생각했다. 그리고 '탈핵'을 향한 정권의 의지가 시민들의 민주적 논의 과정을 거쳐 더욱 확고해질 것이라고 믿었다.

"곧 소 잡고 해가– 억수로 크게 잔치할 끼이꺼네 선생님도 마 놀러 오이소.
원자력발전소를 더 이상 안 지으마– 송전탑도 마 아무 씰모 없을 끼이꺼네
마 곧 송전탑도 안 뽑게 되겠나, 그지요?"

그러나 이 기대가 절망으로 바뀌기까지는 오랜 시간이 걸리지 않았다. 공론화위원회가 장기적으로 원자력발전을 축소해 나가되 건설 중이던 원자력발전소는 경제적 손익을 고려해서 계속 짓는 것이 좋겠다는 권고안을 내놓았을 때 서울에서 기자들을 앞에 두고 입장문을 발표했던 '밀양 할매'들은 모두 세상에서 온전히 고립되어 있다는 느낌을 받았다고 말했다. 성숙한 시민들의 논의 결과를 앞에 두고도 '밀양 할매'가 다시 '탈핵'을 외친다면, 그것은 세상 물정 모르는 '생떼'거나 전체 사회의 이익을 고려하지 않는 '이기적 행동'으로 호도될 것이 분명해 보였다.
사람들은 "성숙한 시민의식과 민주적 의사 결정의 위대한 역량을 통해 원자력발전과 탈핵, 송전탑을 둘러싼 한국 사회의 해묵은 갈등이 해소되었다"고 말하기 시작했다. '원자력발전'이 꼭 필요하고 경제적으로 이익이 된다고 말하는 전문가들이 많았지만 그중 누구도 한국 사회에서 '원전 사고'의 위험이 완전히 사라졌다고 말하는 이는 없었다. 과학자도 정책 입안자도 모두 '경제적 이익'을 말할 때 오직 '밀양 할매'만이 '경제적 이익'이 아닌 '생명의

가치'를 말했다. 그러나 '밀양 할매'는 이 공론화의 장에서 '전문가'도 아니었고 '당사자'도 아니었다. 그리고 '당사자'도 아니고 '전문가'도 아닌 이들은 이 공론화의 장에서 제대로 발언할 기회를 갖지 못했다. 적어도 공론화의 장 '안'에는 '당사자'나 '전문가'로 호명받지 못한 이들의 목소리를 위한 '자리'가 없었다.

'밀양 할매'의 슬픔이 소리 없이 쌓여 가는 오늘, 나는 불현듯 묻고 싶어진다. 한국에서만큼은 원자력발전이 안전하다고 자신 있게 말해도 좋은 것일까? 앞으로 다시는 에너지 산업을 둘러싼 자본의 권력과 이 권력이 만들어 낸 부조리한 폭력이 반복되지 않을 거라고 믿어도 되는 것일까? 사람이 사는 천막을 뜯고 사람이 사는 마을을 갈갈이 찢어 놓은 폭력이 공공의 이익과 국가 권력의 이름으로 정당화되는 일을 다시 보지 않을 수 있을까? 송전선로가 지나가고 송전탑이 세워지는 마을에 몇 푼의 돈을 쥐어 주고, 송전탑 건설을 강행하는 과정에서 '안타깝게 발생한 폭력'에 대해 조사를 시행하겠다는 '발표'를 하는 것만으로 이 모든 폭력이 만들어 낸 상처가 아물 수 있을까?

만약 이 질문들이 너무 판에 박힌 것들이라 구태여 대답할 필요가 없다고 여겨진다면 다만 한 가지를 묻고 싶다. '성숙한 시민의식'을 말할 때 그 시민에 분명 '밀양 할매'도 포함되어 있었던 것인가. 그렇다면 왜 여전히 탈송전탑과 탈핵의 문제가 해결되지 않았다고 말하는 '밀양 할매'의 목소리는 '성숙한 시민의 말'이 아니라 무지몽매한 시골 할머니들의 '억지스러운 말'로 여겨지는 것일까. 무엇보다, '민주적 의사 결정'의 공론장에 한국 사회에서 가장 끈질기게 이 문제를 제기해 온 '밀양 할매'의 목소리를 위한 자리가 과연 존재했던 것일까. 만약 존재하지 않았다면 '밀양 할매'를 배제한 채 '민주'를 말할 수 있는 근거는 어디에 있는 것일까.

세 번째 마디

'밀양 할매'는 밀양에 사는 '할머니'들만을 가리키는 말이 아니다. 또한 '밀양 할매'는 사랑스럽고 소녀 같고 발랄하고 귀여운 '할머니'의 이미지에 고착되어 있지 않다. 세상을 달관한 듯 늘상 인자한 미소를 머금고 있는 것도 아니지만 각박한 세상살이에 닳고 닳은 '어른'의 모습도 아니다. 연대자들의 손을 따뜻하게 잡아 주고 흥에 겨워 춤을 추기도 하지만 폭력에 저항할 때는 거침이 없고 수많은 대중 앞에서 사람들의 마음을 움직이는 연설을 하기도 한다. 송전탑 건설을 강행하기 위해 한국전력이 고용한 용역들을 향해 거침없이 욕을 쏟아 내기도 하다가 어린 전경들이 끼니를 거를까 걱정하여 가만히 떡을 내밀기도 하는 이들이 '밀양 할매'다. '밀양 할매'는 농성자들이 지칠 때 우스갯소리를 건네고, 힘이 없을 때 밥을 지어 내밀며, 행정대집행을 앞두고 손때 묻은 농성장의 양은냄비 하나까지 살뜰하게 어루만져 챙기는 이들이다.

젊은 활동가들의 손에 이끌려 가기보다는 오히려 활동가와 연대자를 이끌고 다독이는 사회운동의 어른이자, 신념에 찬 실천가다. '밀양 할매'는 송전탑이 뿌리 뽑히는 것을 보지 못하고 세상을 떠날 수도 있다고 생각한다. 그러나 송전탑은 생명을 위협하는 것이기에 언젠가는 뿌리 뽑힐 수밖에 없다는 신념을 갖고 있다. 자신들이 세상을 떠난 후에도 누군가가 그 싸움을 이어 갈 수밖에 없다고 생각하는 것이다. 그러나 젊은 연대자와 활동가들에게 '우리가 죽고 사라져도 너희들이 있으니 나는 여한이 없다'는 말을 하고서도 금방 걱정 어린 눈빛으로 '너희들에게 너무 부담을 주는 것 같아 미안하다'고 말하는 이가 '밀양 할매'다. '밀양 할매'는 당위를 앞세워 다른 누군가를 압박하거나, '옳고 정당한 일이니 희생하는 것이 당연하다'는 논리를 내세우지도 않는다. 그저 한 치 앞이 안 보이는 깊은 밤에도 조용히 산에 오르고, 폭력에 맞서 싸우는 대열의 맨 앞줄에 서며, 가장 먼저 일어나 농성장을 청소한다. 경찰들이 '밀양 할매'의 몸을 묶은 쇠사슬을 끊고 농성장을 무너뜨릴 때에도 쇠사슬 조각을 주우며 다음 싸움을 준비한다.

'밀양 할매'는 송전탑을 생명을 위협하는 괴물로 인식한다. '밀양 할매'가 그린 송전탑은 모두 영화에 등장하는 거대 로봇 괴물을 닮았다. '밀양 할매'의 송전탑 그림에는 언제나 꽃과 나무와 새들이 있다. 그리고 '밀양 할매'는 송전탑을 뽑아 그 땅을 꽃과 나무와 새들에게 돌려주어야 한다고 말한다. '밀양 할매'는 생명을 지키고 가꾸기 위해 '송전탑'에 반대하고 '원자력발전'에 반대한다. 그리고 꽃과 나무와 새들을 비롯한 모든 살아 있는 것들의 '생명'을 지키기 위해 강건하고 담담하게 싸워 왔다.

'밀양 할매'는 연대자들과 함께 성장해 왔다. '밀양 할매'는 고립되어 있다고 느낀 순간 자신들을 찾아와 주었던 연대자들의 손길을 기억하고 잊지 않으려 한다. 그리고 그 '연대'의 손길을 다른 사람들을 향해 내민다. '밀양 할매'가 제주 강정마을의 주민들에게 내민 손길, 쌍용자동차 해고 노동자들에게 내민 손길, 세월호 유가족들에게 내민 손길은 모두 본인들의 싸움에서 깨달았던 소중한 '연대'의 실천이다. '밀양 할매'의 곁에는 그들과 함께 천막 농성장을 지키며 함께 밥을 먹고 수다를 떨고 꽃을 보고 노래를 불렀던 연대자들이 있다. 이렇게 해서 '밀양 할매'는 밀양 탈송전탑 운동을 계기로, 모든 폭력에 저항하며 생명의 가치를 지키기 위해 탈핵의 길에 함께 섰던 수많은 연대의 존재들을 상징하는 표상이 되었다.

네 번째 마디

처음엔 오랜 시간 싸우느라 지친 할머니들과 '재미있게' 놀고 싶었다. 자꾸만 내가 그분들의 '말'을 훔쳐 오는 것 같아 가져오지 않고 함께 나누며 즐길 수 있는 무언가를 하고 싶었다. 또 나의 '말'로 매개되지 않는 다른 언어를 세상에 드러내 보이고 싶기도 했다. 그러다 공론화위원회의 현란한 말싸움 속에서 소외되고 배제된 '밀양 할매'의 슬픔을 목격했다. 나도, '밀양 할매'도 '말'을 잃었다. 그리고 우리는 그림을 그리며 다시 '말'을 나누기 시작했다. 내가 '밀양 할매'와 함께 그림 그리기 작업을 제안하자 여성주의 현대미술가인 이충열 씨와 데일리드로잉을 하는 이영주 씨가 선뜻 나서 주었다. 동네 서점을 운영하며 책을 만드는 한뼘책방의 이효진 씨도 힘을 보태 주었다. 그리고 그동안 '밀양 할매'와의 구술 인터뷰 작업에 참여했던 대학원생 김시연 씨와 학부생 윤지현 씨가 함께했다. 밀양에서는 밀양765kV송전탑반대대책위원회의 활동가 이계삼 씨와 곽빛나 씨, 남어진 씨가 도움을 주었다.

그림 그리기 작업은 2017년 8월 3일부터 5일 사이에, 같은 해 8월 24일부터 25일 사이에, 그리고 다시 해를 넘겨 2018년 1월 11일부터 16일 사이에 시행되었다. 무더운 여름과 추운 겨울날 우리는 동네 사랑방에 모여 그림 그리기에 몰두했다. 부북면 평밭마을 주민들은 김길곤 씨 댁과 이남우·한옥순 씨 댁에 모여서 작업을 했고, 부북면 위양마을 주민들은 윤여림·정임출 씨 댁에서 작업을 했다. 상동면 고정마을과 고답마을 주민들은 안병수·정용순 씨 댁에서 작업을 했고, 상동면 여수마을과 금호마을 주민들은 조원규 씨 댁과 여수마을 마을회관에서 작업을 했다. 단장면 동화전마을과 용회마을 주민들은 고준길·구미현 씨 댁에서 작업을 했다.

우리는 그림을 그리며 이야기를 나누었고 이 이야기들을 녹음하여 전사하였다. 이 책에 그림과 함께 실려 있는 '밀양 할매의 말'은 이렇게 녹음한 음원을 듣고 풀어 낸 녹취 전사 자료를 활용하여 이를 부분적으로 편집한 글이다. 어떤 글은 그림 그리기 작업 당시를 재현하기 위해 내가 당시 대화 상황을 재구성해 기술한 내용으로 구성되었다. 경우에 따라서는 '밀양 할매'가 직접 구술한 말을 녹취 전사하여 이 자료를 직접 인용하기도 하였다. 이런 자료는 녹취 장소와 시간을 부기하고 왼쪽에 세로줄을 그어 별도로 표시를 하였다. 이런

'글'이 '그림'에 담긴 목소리를 넘어서지 않도록 조정하였고, 글 가운데 일부는 그림 작업 당시가 아닌 다른 때에 구술·전사한 자료 중 필요한 부분을 발췌하였다.

처음엔 종이와 각종 그림 도구들을 아까워하며 그림 그리기에 자신 없어 하던 '밀양 할매'들은 나중엔 끼니를 거르고 시간을 잊은 채 그림 작업에 몰두하였다. 우리는 염료를 섞어 가장 그리고 싶은 '밀양의 빛깔'을 만들어 종이 가득 칠하기도 하고, 일상의 가장 친숙한 사물인 열매와 꽃들을 그리기도 했다. 종이 위에 밀양의 진달래꽃 빛깔, 배추색과 가지색, 마을에서 바라본 하늘의 빛깔, 봄물이 오른 들판의 빛깔 등이 가득 채워졌다. 예상과 달리 '밀양 할매'는 붓을 놀리거나 색을 쓰는 데 거침이 없었다. 또 자연의 색을 많이 보아 와서인지 아름답고 다채로운 빛깔을 많이 만들어 냈다. 1부 〈밀양의 빛깔〉

'밀양 할매'가 무엇보다 즐거워한 것은 서로의 얼굴을 그리는 것이었다. 한 사람이 맞은편에 앉은 사람의 얼굴을 그리기도 하고 각자 자신의 자화상을 그리기도 했다. 마을마다 그림 작업의 내용이 조금씩 달랐지만 모든 마을에서 빠짐없이 시행한 것은 서로 둘러앉아 종이를 돌려 가면서 따로따로 눈, 코, 입을 그려 한 사람의 얼굴 그림을 완성하는 것이었다. 서로 이렇게 자세히 얼굴을 마주 쳐다본 적이 없다며 '밀양 할매'들은 쑥스러워하면서도 매우 즐거워했다. 완성된 그림을 보고 모두 한바탕 웃음을 터뜨렸지만 각각의 그림들은 묘하게 그림 속 얼굴의 주인공들과 닮아 있었다. 2부 〈너와 나, 서로 마주 본 얼굴〉

여수마을에서는 손이나 발을 대고 형태를 본뜬 다음 각자 그리고 싶은 꽃과 나무들을 그리기도 했고, 평밭마을과 위양마을에서는 전지를 여러 개 붙인 후 드러누워 몸의 라인을 본뜬 다음 그림을 그리기도 하였다. 몸의 선을 따라 그렸을 뿐인데 그 형태만 보고도 누군지 알아맞힐 수 있겠다며 모두들 신기해하기도 하였다. 3부 〈곱디고운 내 몸〉

그림들은 모두 그림을 그린 사람들을 어떤 식으로든지 표현하고 있었고, 그림을 통해 '밀양 할매'의 또 다른 목소리를 들려주었다. '밀양 할매'가 철사로 만든 송전탑 또한 모두 그 송전탑을 만든 '할매'를 닮아 있었다. 어떤 송전탑은 빼빼 마르고 어떤 송전탑은 허리가 구부정했다.

들어가는 말

'밀양 할매'가 가장 자신 있게 그린 것은 송전탑이었다. 할매들은 송전탑의 아주 디테일한 부분까지 자세히 묘사하고 싶어 했다. 특히 송전탑의 위용과 번쩍이는 불빛을 그려 넣고 싶어 했다. 또 송전탑을 불태우고 싶은 마음이나 송전탑이 세워져 슬픈 마음, 송전탑에 올라가 소리 높여 외치고 싶은 마음을 표현하기도 했다. 가장 놀라운 것은 모두들 약속이나 한 것처럼 송전탑 옆에 나무와 풀, 새와 꽃들을 그린다는 사실이었다. '밀양 할매'에게 물으니 '거기 원래 있던 것들이고 그 땅의 원주인이라서'라는 대답이 돌아왔다. 할매들은 송전탑을 그리며 한결같이 '송전탑을 뽑아줄 테니 소나무야 자라거라', '송전탑 뽑아줄 테니 꽃들아 피어나라' 등의 말을 읊조렸다. 4부 〈송전탑과 꽃〉

마을에 따라 잡지를 오려 탈송전탑 운동을 묘사하는 콜라주를 만들기도 하고 자기 집에 달고 싶은 문패를 만들기도 하였다. 특히 모든 마을에서 빠지지 않고 그린 것은 송전탑이 들어서는 것을 막기 위해 산속에 천막을 짓고 농성을 할 때의 기억이었다. '밀양 할매'는 새카맣게 올라오던 경찰들, 용역에 맞서던 서로의 모습, 농성장에서 먹었던 바나나 몇 개, 산길을 오르내리다 수녀님을 만나 부둥켜안고 울었던 기억 등을 그림으로 표현했다.

5부 〈함께 싸워 온 우리〉

들 어 가 는 말

처음엔 그림이나 한번 그려 볼까 하고 시작했던 일이지만 막상 결과물들을 놓고 보니 모두가 매우 훌륭했다. 그리고 그 그림들을 통해 '밀양 할매'의 또 다른 모습들을 엿볼 수 있었다. 구술하는 말이나 평상시의 언술을 통해 드러나지 않았던 다른 언어가 그림을 통해 들려오는 것 같았다. 어떤 다른 말로 번역되거나 설명될 필요가 없는 '밀양 할매'의 이 자기표현을 여러 사람들과 나누고 싶어졌다. 이렇게 해서 '밀양 할매'가 그린 그림들을 가지고 전시회를 기획하고 이 책을 만들게 되었다.

촉박한 일정 속에 교육공동체 벗이 선뜻 책 출판에 나서 주었다. 글과 그림이 배치되는 까다로운 편집 작업을 이진주 씨가 즐겁고 성실하게 이끌어 주었다. 우리는 전시 홍보를 겸해서 텀블벅 후원을 기획했는데 이때 '밀양 할매'가 그린 그림들에서 모티프를 딴 디자인으로 굿즈를 제작하였다. 이 굿즈 디자인을 그림 작업에도 참여했던 이영주 씨와 북 디자이너 정은혜 씨가 맡아 주었다. 특히 정은혜 씨는 책의 표지 디자인부터 각 페이지 구성에 이르기까지 이 책의 모든 디자인을 도맡아 진행해 주었다. 전시는 연세대학교에서 구술 연행과 서사를 연구하는 '말과 연대' 모임의 이미라 씨, 김시연 씨, 구태운 씨, 박성은 씨, 나윤하 씨, 권진송 씨, 윤지현 씨, 박다혜 씨가 참여해 주었고 연세대학교 젠더연구소와 '광장의 젠더' 연구팀이 후원해 주었다. 특히 그림 작업과 전시에 이르기까지 주도적인 역할을 해 준 것은 이충열 씨와 이영주 씨였다. 두 사람은 그림 작업의 아이디어를 내고 직접 이를 실행하며 탈송전탑 운동 주민들을 이끌어 주었고, 마지막 전시 작업에서도 기획과 실행의 중심을 잡아 주었다.

들어가는 말

'밀양 할매'가 그린 그림들로 책을 만들고 전시를 준비하기까지 많은 사람들이 힘을 모았다. 무엇보다 그림 작업에 즐겁게 참여해 주셨던 밀양765kV송전탑반대대책위원회의 주민들과 활동가들, 연대자들에게 감사드린다. 그리고 앞서 소개한 그림 작업과 전시 준비에 참여했던 모든 분들께, 책을 만들어 주신 교육공동체 벗, 그리고 벗의 조합원들께도 감사의 인사를 드린다. 또한 엄마를 따라 밀양에 가서 '밀양 할매'들과 즐겁게 그림을 그리고 '또 밀양에 가자'며 조르던 아들 우현이에게 이 책을 보여 줄 수 있어서 무엇보다 기쁘다.

우리가 이 책을 만드는 과정에 참여한 것은 모두 '연대'의 뜻과 마음에서 비롯된 일이었다. '밀양 할매'가 생명을 지키는 운동의 과정에서 우리에게 보여 준 것 또한 '연대'의 가치였다. 우리 모두가 함께 그린 '연대'의 그림이 생명을 지키는 중단 없는 길에 나란히 걸어가는 작은 발걸음이 되기 바란다.

2019년 9월 1일
소담헌素談軒에서 김영희가 쓰다

들어가는 말

1부

"봄.
파릇파릇하이
싹 올라오기 시작하믄
나는 마 돌아삔다.
너~무 좋아서."

밀양의 빛깔

"할머니, 우리 호작질 한번 해 볼까요?"
"뭔 호작질?"
"그냥 마음에 드는 거 아무거나 잡고 막 칠하시면 돼요."
"그라믄 잽히는 대로 칠해 볼까?"

故 **김사례** 평밭마을

"풀빛이 제일 마음이 편해요.
 풀빛이 가득할 때 마을이 제일 평안해 보이고.
 익숙하고. 마음이 편하게 가라앉죠."

정용순 고정마을

밀양의 빛깔

"할머니, 종이 전체를 마음에 드는
색깔로 칠하시면 돼요."

"종이 전체를? 뭐 할라꼬? 아깝구로.
하이고 마, 이거 아깝아서 못 쓴다.
이-래 귀한 거를. 우리는 마 이런 건
어릴 때 꿈도 못 꾸봤다. 이거를 마
아깝아서 우예 쓰겠노?"

"함 해 보라꼬? 이거 안 하믄 집에
안 보내줄 끼네? 하이고 마 된
숙제 한다, 된 숙제."

"나는 기릴 게 없는데. 뭘 칠하라꼬?"

"뭐, 아는 색이 마 풀밲이 없지.
맨날 풀만 보고 사는데 뭐. 그기
제일 곱다. 봄 파라이 올라올 때."

김말순 용회마을

밀양의 빛깔

"자꾸 모-한다, 모-한다 하지 말고
대충 기리라. 뭐 저 마당에 잔디 그거 기리면 되겠네.
파-라이 이쁘잖아."

권영길 위양마을

"나는 마 새-파-라이 배차색이 좋다.
묵기도 하고. 김치 담가 묵제, 디치가 쌈 싸 묵제, 을매나 맛있노?
마 배차색 파-라이 올라오믄 입에 마 침이 고이고."

손수상 여수마을

밀양의 빛깔

"사람 몸에 녹두가 을매나 좋은데?
죽 낋이 노―믄 기가 찬다 기가 차. 열도 싹 내리고.
옛날에 얼라들 열 나믄 녹두 가―가 죽 낋이 믹이고 그랬다 마.
느그는 못 묵어 봤나?"

유순남 여수마을

"뭐니 뭐니 해도 가지색이 예쁘지.
 여름에 주렁주렁 영글믄 을매나 이쁘다꼬."

안원일 여수마을

"뭐, 제일 좋은 색?
그거 칠하라꼬? 뭐 딴 기 있나?
초록색 산 저거, 저 기-지 뭐."

김말순 고정마을

밀양의 빛깔

"와~. 붓질이 거침이 없으세요."
"내가 어릴 때 글씨 쓰는 거 그거 쪼매 했거든."
"이건 무슨 색이에요?"
"봄. 봄이 움틀 때. 요 평밭 올라오는 데 파릇파릇하이
 싹 올라오기 시작하믄 나는 마 돌아뻔다. 너~무 좋아서."

한옥순 평밭마을

"이게 평밭의 색이죠.
봄이 되면 우리 마을은 온통
이 빛깔이에요."

박정호 평밭마을

밀양의 빛깔

"내가 제일 좋아하는 기는
요, 요 하늘이라. 산하고 딱 붙어 있는
요 하늘빛이 최고지."

박후복 평밭마을

"제일 그거한 기는 이 송전탑 땜에
 저 푸런 잎들이 다 짓밟히가 고생한다는 기지.
 원래는 다 즈그 땅인데. 파라이 을매나 이쁘노. 근디 마
 쇳덩어리에 짓눌리가 을매나 답답하고 아프겄노."

장옥수 용회마을

밀양의 빛깔

"뭐 그리라꼬 하믄 뭐 기리야겠노?"
"뭐, 다른 기 있나. 하늘과 땅이지. 그기 기본이잖아."
"하늘과 땅 사이로 세상이 이–리 넓은데 우예 그래 사람들은
 야박한지 몰라. 사람이 너무 야박해."

박삼순 여수마을

"뭐? 뭐 기리라꼬?"

"뭣이 어렵노? 그냥 마 이래 씩씩 기리믄 되지.
 나는 마 산에 들에 파라이, 하늘도 파—랗고, 마 샛—노랗고 그런 기 좋드라.
 그 철탑 지을 데 천막 짓고 있을 때도 봄에 산 빛이 을매나 좋든지.
 맨날 화전 지지 묵고 놀았잖아. 꽃구경 가고."

김옥희 용회마을

"그지예? 화전 참 맛있었지예?"

"봄 되믄 제일 고운 게 진달래잖아.
용역들 새까맣고 그 혼자
천막 지키고 있는데도 산에 지천으로
진달래 핀 거 보믄 그렇게 좋더라꼬예.
참 곱잖아, 그지예?"

구미현 용희마을

밀양의 빛깔

"뭣이 좋은공?
나는 뻴-간 기 좋아. 옷도 뻴-간 기 좋고.
곱잖아. 안 그래예?"

김장옥 고정마을

"나는 봄 되믄 여 마 지천으로 피는 철쭉,
그기 좋더라꼬예. 여 와서 그기 제일 좋아.
그냥 넋을 놓고 보게 된다니까네."

박손련 위양마을

밀양의 빛깔

"몰라. 생전 그림을 안 기리봐서."

"이래가 되겠나?"

"마 그냥 좋아하는 색깔 마음대로 칠하라꼬?"

"물감 아깝아서리. 이-래 신세를 지가 되겠나."

"마음대로 잘 안 된다. 진달래는 이거보다 더 곱은데. 내가 마 솜씨가 없어가.
진달래색은 이거보다 더 고와. 진달래 본 적 있지요?"

정임출 위양마을

"당신은 꽃이 좋드나? 나는 바다가 좋은데."

"나는 마 다시 태어나면 묶이는 데 없이 살고 싶어."

"넓고, 자유롭고, 마 바다가 최고지."

윤여림 위양마을

밀양의 빛깔

"나는 고마 파라이
하늘이 제일 좋더라. 막힌 데 없고,
못 갈 데 없고. 새가 돼가 함
훨훨 날아봤으믄 좋겠다."

김무출 여수마을

밀양의 빛깔

"할머니가 보는 하늘색이에요?"
"응. 연하늘색."

전병례 여수마을

"세상에 뭣이 있노? 마 하늘과 땅이지."

김쾌늠 고정마을

밀양의 빛깔

"하늘과 땅,
그기 우리나라 색이잖아."

박정숙 여수마을

"다른 건 모르겠고 내 마음이 빨개.
 아직도 빨-개."

강순자 용회마을

"내 마음이 이렇는강?
 막 기리다 보이 이리 기리지네."

장문선 고정마을

밀양의 빛깔

"몰라. 내 마음이 어떻는공.
마 뻘갛고 파랗고 노랗고 마 이래.
울뚝불뚝하고. 번쩍번쩍하고."

"밤에 뻘간 불이 탑에서 번쩍번쩍하거든.
전기가 이래 쉭- 쉭- 지나간다꼬.
가까이 가믄 소리도 들려.
마 빈쩍빈쩍한다이까네."

김필선 용회마을

밀양의 빛깔

"몰라. 짜증 나 죽겠는데.
이래 이래 마 기리 볼까?"

김계옥 고답마을

"이거는 무슨 색이냐믄 무지개 색깔이라. 무지개 색. 내가 생각하는 무지개 색."

"무신 뜻인고 하믄 송전탑이 동네에 들어오이 하느님도 안됐다 생각을 하시는 기라. 그래서 우리 동네에 이래 무지개를 비차 내라 주는 기지. 무지개를 비춰 주는 기라."
"그림에다 그렇게 쓸까요, 할머니?"
"그라믄 이래 써라. 송전탑이 동네에 들어오니 하느님도
 야속타 하여 무지개를 비춰 준다. 그라믄 됐제?"

장종필 용회마을

밀양의 빛깔

2부

"야야,
 그만 좀 딜다봐라.
  얼굴 뚫어지겠다."
"야, 이쁘게 생겼네~."
"지랄한다."

너와 나, 서로 마주 본 얼굴

김무출 여수마을

"나는 얼굴 못 기린다."
"나도 못 기린다. 뭐 해 본 적이 있어야지."
"선생님이 대신 기리도고."
"아니에요, 하실 수 있어요. 이렇게 돌아가면서 하나씩 그리면 돼요."
"어짜라꼬?"
"그러니까 이렇게 앉은 순서대로 종이를 오른쪽으로 돌릴 건데요. 각자 하나씩 그려 주시면 돼요. 어떤 분은 눈, 어떤 분은 얼굴 선 이렇게요. 그러니까 여기 있는 사람들이 하나씩 그려서 한 사람 얼굴 그림을 다 같이 만드는 거예요."

"자, 이번에는 마주 앉은 사람 얼굴을 그려 주는 거예요."
"한 사람이 다 기리는 거라꼬예?"
"네. 앞에 앉은 분 얼굴을 잘 들여다보고 그려 주시는 거예요.
 한참 동안 들여다본 후에 그림을 그릴게요."

안병수 고정마을

너와 나, 서로 마주 본 얼굴

안원일 여수마을

"크게 그리셔도 돼요."
"안 돼. 종이 아깝꾸로."
"아니에요. 더 큰 종이도 많아요."
"하이고 마. 세상 좋아졌지. 우리 때는 마 이래 하-얗고 맨들맨들한 종이는 꿈도 못 꿨지러."
"그래가 내가 우리 손자 그림 그리는 걸 요-래 치다보고 그랬다니까. 부럽어가."
"요새 아-들 그 뭐꼬, 크레파스며 뭐며 어찌 좋은지."
"색도 영- 곱더라이께네."
"시상은 좋은 시상이다."
"옛날에 가시나가 그림 기린다 카믄, 뭐 꿈도 못 꿨지."
"그랄 시간이 어딨노? 동상 돌봐야지, 밥해야지, 빨래해야지. 마, 바빠 뒤진다."

"와~. 엄청 이쁘네예."
"요 앞에 여 젊은 학생이 기리갖고 글찮아."
"아이. 형님이 원래 이쁘잖아."
"뭐라카노?"

장옥수 용회마을

너와 나, 서로 마주 본 얼굴

"야야, 그만 좀 딜다봐라. 얼굴 뚫어지겠다."
"야, 이쁘게 생겼네~."
"지랄한다."
"우리가 언제 함 이래 딜다보겠노.
 자세히 보니까 이쁘게 생깄고만."
"영판 니다."

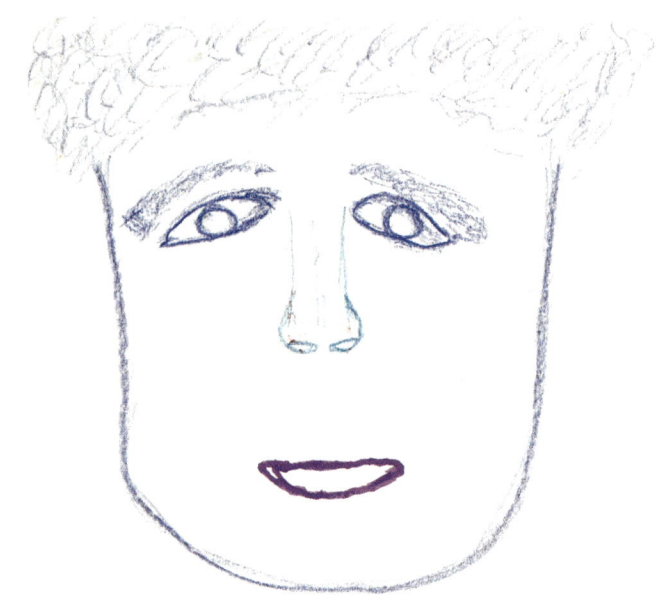

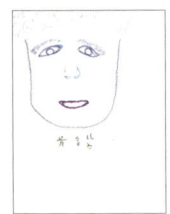

유순남 여수마을

"희한하네. 여러 사람이 기맀는데 그래도 사람겉이 나왔어."
"뭐, 영 똑같구마. 머리 짧은 거 하며."
"입술은 그래도 빨―가이 그리야지. 오늘 화장도 했구마."
"눈은 마 땡그랗네."

박삼순 여수마을

너와 나, 서로 마주 본 얼굴

"우리는 마 이린 기 체질에 안 맞아. 마 싸돌아댕기미 놀고 춤추고 노래하고 이란 기 좋지."
"체질에 안 맞는다카디 와 이리 열씸히꼬?"
"뭐?"
"안 한다 캐싸티 마 억쑤로 열심히 하네."
"니는? 니도 안 한다 안 캤나?"
"그라이까네. 와 이리 열심힌공."
"말도 마 한마디도 안 한다. 어찌 열씸힌지."
"이래 공부했으믄 마 박사도 됐겠다."

박정숙 여수마을

"영자 없으믄 마 우리는 마 암것도 모– 한다. 어데를 갈 수가 있나."
"아이고 마. 무신 말씀입니꺼. 형님들이 계시니까네 제가 또 움직이고 안 그렇십니꺼."
"영자 이쁘게 기리 주라."
"생긴 게 안 예뻐싸서."
"와? 니 이쁘다."
"아, 글씁니꺼?"
"저 봐라. 이쁘다카이 좋아 죽는다."

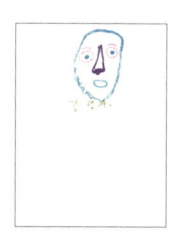

김영자 여수마을

너와 나, 서로 마주 본 얼굴

"청춘은 희망입니다. 여러분이 희망입니더."

"마 자주 놀러 오이소. 우리 집 넓다이카네. 방학 때 내도록
내려와 있어도 된다꼬. 집에 사람도 없어."

"젊은 아–들 와갖고 집이 북적북적하니까 좋더라꼬예.
농활 온 아–들 보믄 억쑤로 귀엽어. 우리도 마 저런 때가 있었나 싶고."

조원규 금호마을

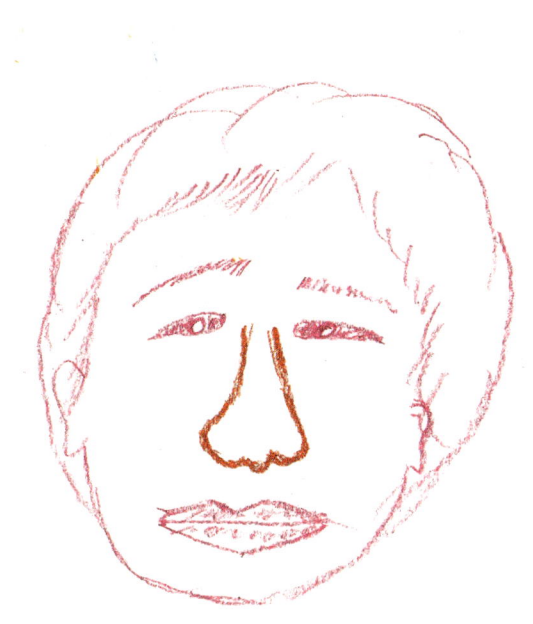

강순득 여수마을

"내는 와 눈을 이래 게슴치레하이
 이래 기리 났노?"
"원래 니 눈이 글찮아."
"뭐가? 안 글타."
"글쿠만 뭐."
"그래도 눈이 쭉 찢어지게 생깄어도 새초롬하이
 이쁘게 기리 놔야지 이래 기리믄 되나?"
"뭣이 그래 말이 많노? 마 이쁘기만 하구만. 코도 오똑하이."
"이 코가 오똑하다꼬?"

너와 나, 서로 마주 본 얼굴

"아따 파마머리는 억쑤로 열씸히 꼬아 났네."
"잘했다. 돈 딜인 기니 티가 나야 한다."
"파마 잘됐다."
"한 지 얼마 안 됐잖아."
"이래 해 놔도 금방 풀리– 파이다."
"그래도 선상님들 온다꼬 머리도 했구마."
"아이다."
"아이긴 뭐 아이고?"

김장옥 고정마을

"나는 뭐 핑생 농사만 짓던 사람이라 이런 거 몬 합니더.
 흙 묻은 손으로 요런 거 잡기도 그렇고."
"뭣이? 훤훤장부로 기리 놨구마."
"내가 기맀나? 다른 사램이 한 기지."
"그래도 마 다 같이 기린 거 아임니꺼. 그라믄 마
 직접 기린 기나 진배없지 뭐. 안 그래예?"

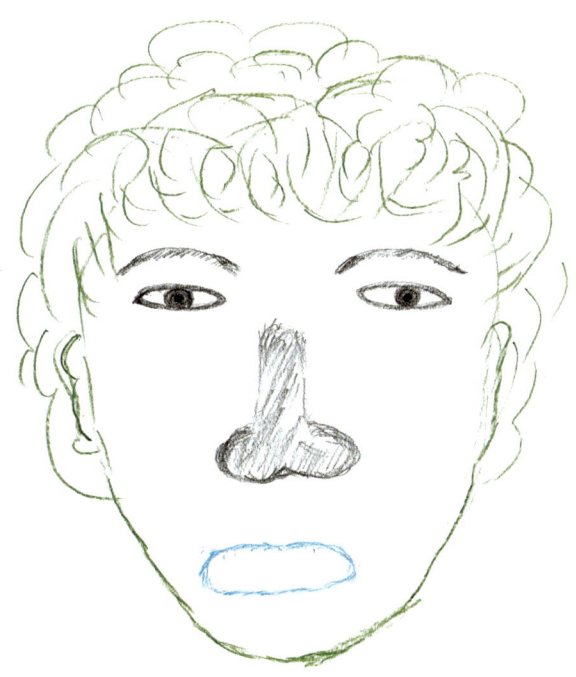

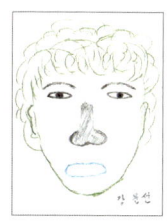

장문선 고정마을

너와 나, 서로 마주 본 얼굴

"마 우리가 기린 기랑 요 선상들이 기린 거랑 완전히 다르구마."
"아니에요. 할머니들이 더 잘 그리셨어요."
"마 택도 없는 소리 마이소."
"요 턱선 좀 보세요. 저는 이렇게 못 그려요."
"아~ 글능교?"

김말순 고정마을

김쾌늠 고정마을

"마 니는 마 인형겉이 그리지뻤네?"
"어데?"
"입술도 빨-가이."
"입도 우악시럽게도 크다."
"딱 맞차-가 기렸구마. 머리 뽀글뽀글하이 입 떡 벌어지이."
"눈이 마 초롱초롱하구마."
"어데? 어데 그래 보이는데? 내 눈에는 안 보이는구마."
"원래 착한 사람 눈에만 비는 게 있다."
"지랄한다."

너와 나, 서로 마주 본 얼굴

"우리는 동네 사람끼리 살면서 녹음이라 카는 거는 생각지도 못하는데
벌써 ○○○는예, 벌써 누구하고 말만 하면 녹음을 하고, 그 부부지간에는,
다 녹음을 해요. 우리 회의해도 녹음하고, 뭐 해도 녹음을 하고."

"이게 지금 우리 동네 화합되는 거는 절대로 안 될 거 같애예.
절대 안 될 거 같고, 돈 받은 사람은 입 싹 닦고 받아도 안 받은 척하고
사사삭, 우리를 보면 숨어 다니고. 숨어 다녀예. 저쪽 오다가 내가
저쪽으로 내려오면 싹 들어가뿐다고."

2017년 2월 13일 고정마을 안병수 씨 댁에서 정용순 씨 구술

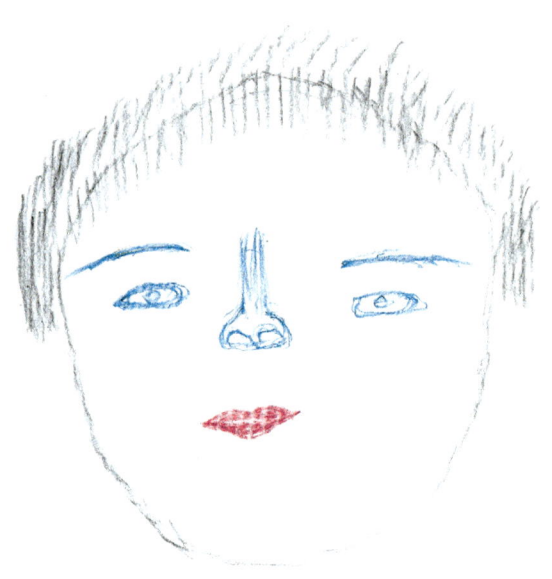

정용순 고정마을

"얼굴만 내밀고 갈라 캤는데 이리 붙들리가.
 하다 보이 또 재미가 붙어가주고 일나지를 몬하겠네예."
"마 거–는 못 간다고 연락해라. 시작을 했으믄 끝을 봐야지.
 남의 얼굴 그리주다 마 기양 가삐믄 안 되지. 안 글–습니까?"
"니 자꾸 간다 카믄, 마 가삐고 나믄 얼굴 마 지 맘대로 그리뿐데이.
 요래 요래 삐뚤빼뚤하이."

박손련 위양마을

너와 나, 서로 마주 본 얼굴

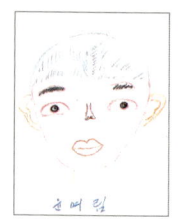

윤여림 위양마을

"그분이, 동네 사람한테, '내가 죽으면 이 철탑이 해결될 것이다',
 그 말을 하면 눈물이 날라 합니다. 그 말을 남기고 그래서 분신을 해서
 우리가 가서 그날 저녁에 전화가 와서."

"저녁에 전화가 와서, 보라마을에 이치우 어르신이 분신했다 하더라.
한옥순이가 전화해 언니야 빨리 가자 그래서 차를 타고 갔다. 작대기를 가져가니까
경찰차가 쫙 와서 서서 못 들어가게 막고. 내가 작대기를 쥐고 흔들었다.
'이 개새끼들아, 너희가 뭐 하러 왔나. 우리 사람 죽여 놓고 뭐 하러 왔나',
그러니까 들여보내 줬다. 시체 뺏어 갈라 한다 그래 가지고 가니까 경찰들이
깔려 있고. 시체 있고. '이 개새끼들아 다 나가라' 하며 작대기를 흔들었거든.
'너희가 사람 죽었는데 구경하러 왔냐' 하니까 물러서데."

2017년 1월 19일 위양마을 윤여림 씨 댁에서 윤여림 씨와 정임출 씨 구술

〈윤여림 자화상〉

너와 나, 서로 마주 본 얼굴

권영길 위양마을

"젊은 사람들은 하다가 보이까네 전부 빠져뿌고.
돈 묵고 빠져뿌고, 남은 사람들은 인자 그, 그것만 전기만 들어오면
해롭다 카는 그 소리만 듣고 뭐, 모조리 들어가서 말긴(말린) 기지 뭐.
첨에는 젊은 사람들은, 처음에는 청년들도 전부 합당해가 말기고 했거든, 했는데.

그 청년들이 뭐 즈그가 듣고 이 씨다 카니 말기고 했는데
우예 된 판인지 전기회사에서 아, 젊은 사람들 우예 돈으로 꼬시러 뺐는지,
딱 꼬시러 가따가 딱 주지앉혀뿔고. 나-(나이) 만(많은) 사람들만 나섰지."

2016년 9월 24일 위양마을 권영길 씨 댁에서 권영길 씨 구술

〈권영길 자화상〉

너와나, 서로 마주 본 얼굴

"이기 뭐꼬? 사람이가?"
"와? 니는 더 잘 기렸나?"
"니보다는 잘 기렸지."
"와? 을매나 이쁘게 기렸노. 입술도 빨-가이. 눈도 마 빤-하이."
"코도 오똑하구마."
"마, 파이다."

전병례 여수마을

김계옥 고답마을

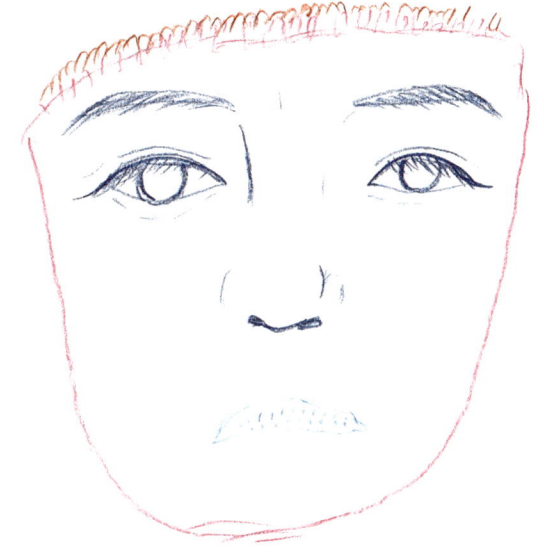

"아~. 이제 알겄다."
"뭣이?"
"낼로 좋아하는 사람은 이쁘게 기리고
 낼로 싫어하는 사람은 밉게 그리는구마."
"뭐가? 재주가 메주라 그렇지 다 닐로 좋아한다."
"아, 그래예? 형님 낼로 좋아하는구마."

너와 나, 서로 마주 본 얼굴

"아이고 마 이기 뭐꼬? 사람도 아이고 뭣도 아이구마. 파이다."
"와? 실물보다 낫구마."
"지랄한다, 가시나."
"와? 실물이 이보다 더 나은가 싶어서?"
"내는 더 못 기리겠다. 샘이 좀 기리 주이소."
"자기 손으로 해야 의미가 있지. 안 그래예, 선생님?"
"의미가 있는동 없는동 나는 인자 못 기린다."
"마 머리 뽀글뽀글한 거 그기라도 그리 주이소."

손수상 여수마을

"와~. 영판 회장님이네요. 딱 봐도 알겠구만."
"신기하네. 눈 코 입 다 다른 사람이 그렸는데
 마 한 사람이 기린 것처럼 글네예."
"다 잘 기맀는데 내가 마 영 그림을 망쳐뿠다."
"와? 코를 제일 잘 기맀구만."

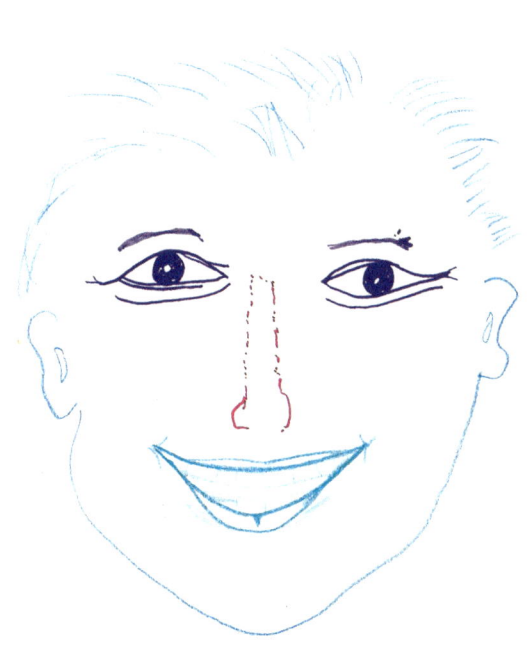

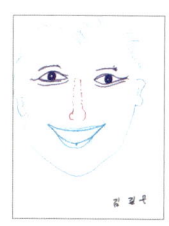

김길곤 평밭마을

너와 나, 서로 마주 본 얼굴

"야, 이기 회장님이라꼬? 웃기 죽겠다."
"나는 붓질은 괘안은데 형태는 영 못 기리겠어."
"마, 천재네 천재."
"형님은 을매나 잘 그맀는데?"
"보지 마라! 아직 덜 그맀다."
"마 거도 피차일반이라."
"와~. 회장님이 마 젊은 미남자가 됐구마."

김길곤 평밭마을

"회장님. 그만 좀 딜바다보이소. 마 부끄럽구로."
"자세히 봐야 그리지요."
"보나 안 보나 그 얼굴이 그 얼굴인데요 뭐."
"요때 아이믄 언제 이래 서로 마주 보고 들바다보겠습니까?"

한옥순 평밭마을

너와 나, 서로 마주 본 얼굴

"아무리 저거 그래도 우리는, 겁내가지고 안 움직이고 발 묶어가지고
앉아 있지는 않을 거야. 끝까지 할 거야. 이거는 끝까지 해야 첫째, 젊은이들도
살 수 있고, 우리 후손들이 살 수 있어. 우리 후손들이 나중에 내 손주니 손녀니,
'우리 할머니 할아버지가 그 반대를 찬성을 해가지고 돈 받아무으서 우리가
이래 몬사는 나라가 됐다' 이 소리는 안 듣기야 될 것 아이가. 손주들한테
욕되는 소리, 짓은 하기 싫어. 그렇기 때민서 우리는 끝까지,
내 목에 숨 붙어 있을 때까지는 해."

정임출 위양마을

〈정임출 자화상〉

"우리 애들은 그라지예. 너무 병원에 실리 가고 하니 즈그는
너무 답답하잖아. 답답하니까 '고만하고 뒤로 물러앉아가 즈그 곁으로 오라' 하거든.
'으음, 아이다 아이다. 사람이 죽고 사는 거는 지즘 운명이고. 내가 누가 시키서 하는 것도
아이고. 내 마음이 아이다 싶어서 하니까, 절대로 강요하지 마라' 인자 하다 하다 인자,
강요는 안 하거든. 몸만 조심하라 카는 거지. 자식 치고는 걱정이 되지. 그렇지만은,
이거는 끝까지 해 봐야지, 끝까지. 언제 가더라도 내가 그래, '우리는 철탑이 서가지고
전기를 시험 운전을 하고 있지만은, 선을 걸어가 시험 운전을 하고 있지만 우리는 졌다는
마음은 없다. 왜? 할 수 있는 데까지는 다 해 보고, 언젠가는 저 철탑은 뽑아낸다,
빨리 빼나 늦게 빼나 정권이 바뀌고 세월이 가면은 뽑아낸다. 그렇기 때문에 이거는
강요하지 말고, 우리가 하다 몬하면 너거가 나서서 해야 된다' 그러거든."

2016년 7월 30일 위양마을 정임출 씨 댁에서 정임출 씨 구술

너와 나, 서로 마주 본 얼굴

"할매들이 오씨야 될 낀데 요새 바빠가 되겠나?"

"이 싸움은 할매들 공이 큽니다. 남자들은 처음에 나섰다가 다 빠져뿔고."

"할매들한테는 사실 백만 원 이백만 원이 큰돈이라꼬요. 그라이 이래
 버티고 있는 거 보믄 내가 마음이 무겁어요."

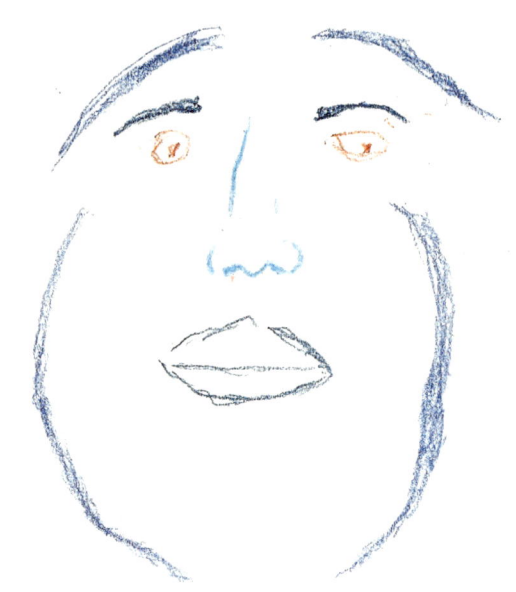

고준길 용회마을

"눈이 이기 뭐꼬? 단추 구멍이가?"
"아 맞네. 그리 놓고 보이 딱 단추 구멍이네."
"코는 또 이기 뭐꼬? 다들 눈이 삐있구마."
"왜? 나는 마음에 드는데."
"마, 본인 마음에 들믄 됐다."

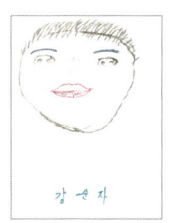

강순자 용회마을

너와 나, 서로 마주 본 얼굴

"어디서 시집오신 거예요?"
"작평 임고정이."
"시집올 때 뭐 타고 오셨어요?"
"그건 알아가 뭐 할라꼬? 차 타고 왔다."
"트럭 타고 넘어오신 거예요?"
"차 타고 왔으믄 부자다. 부자구마."

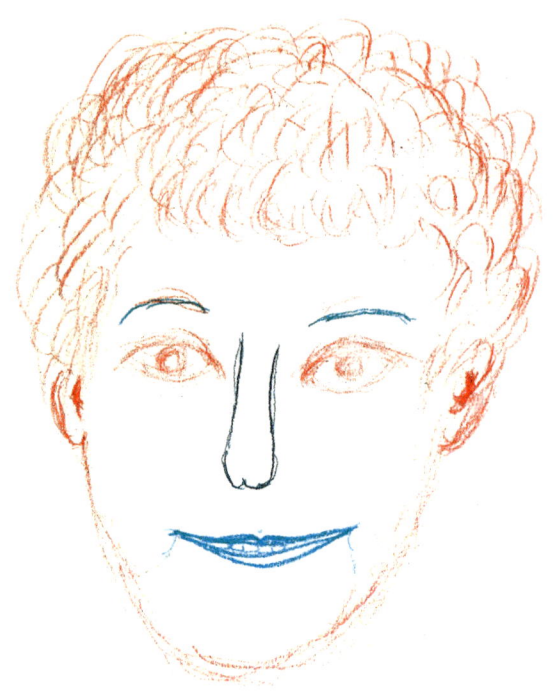

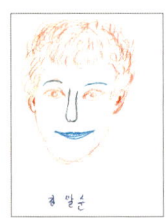

김말순 용회마을

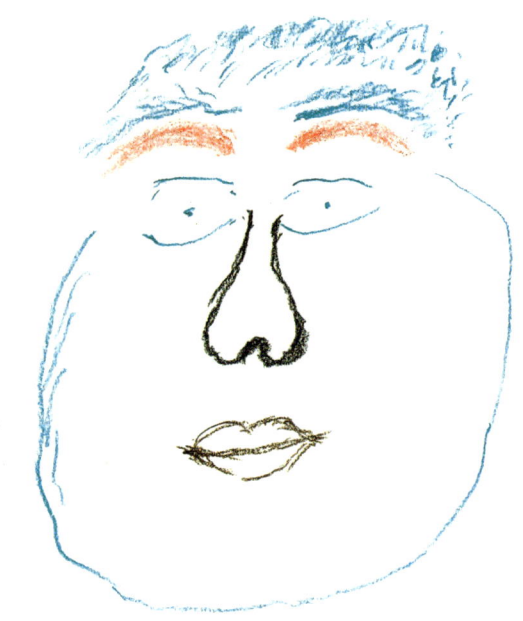

김필선 용회마을

"주바라. 코는 내가 기리야 된다. 인 주바라."
"아따 코는 엄청시리 중요한갑네."
"그라믄~. 사람 얼굴에 코가 반인데.
 선상님, 코는 우예 기리야 됩니꺼?"

너와 나, 서로 마주 본 얼굴

이춘화 용회마을

"요새 세상엔 참말로 이런 것도 잘 나온다."
"그라이. 색깔도 참 곱구마."
"아깝아서 우예 쓰겠노?"
"와요? 잘만 쓰는구마."
"니는 마 콧구멍도 이래 기리 놓고. 대단하네."
"니가 일등이다 마."
"눈 봐라 눈."

"눈썹도 안 그리고."

"귀찮다."

"입 안에 이빨 안 기리나?"

"귀찮다."

"귀찮다 카믄서 콧구멍 눈구멍은 열심히 그렸네."

"눈으로 보고 코로 숨은 쉬어야 되니까."

"아. 니 말이 맞다."

장종필 용회마을

너와나, 서로 마주 본 얼굴

"할머니, 제가 이렇게 생겼어요?"
"응."
"영판이구마."
"아이다. 우리가 못 기리서 그렇지 더 이쁘다."
"와? 기린 얼굴도 이쁜데."
"젊은 기 좋다. 무조건 이쁘지."

할머니들이 그린
김시연

"음…… 제가 이렇게 생겼군요."
"와? 너무 이쁘게 기렸어요?"

"샘 이름은 샘이 쓰이소."

※ 김사례가 그린
김영희

"하이고~, 선생님들이 오셔가지고 너-무 좋았다.
　내가 진작 죽었으면 이런 날을 언제 보고 죽었겠노. 행복도 지가 가지고 있어.
　나는 '괴롭다, 와악 고독하다, 외롭다' 이게 없어."

2017년 8월 3일 평밭마을 한옥순 씨 댁에서 그림 작업 중 참여자들 구술

너와 나, 서로 마주 본 얼굴

3부

"소나무.
나는
마음 안에
항상 소나무가 있어."

곱디고운 내 몸

"우리는 마 이래 앉아갖고 조물딱조물딱하는 기 체질에 안 맞는다꼬."
"왜요? 잘하시는데."
"마 대충대충 기리야지."
"형태를 영 못 잡겠다. 우리는 마 이런 거 배운 적이 없어갖고."
"그럼 이렇게 손발 놓고 대고 그려 볼까요?"
"요래 요래 하라꼬?"
"발 안에 얼굴도 그려 볼까요? 손에 손톱도 그리 옇고. 여기 저희가 가져온 화장품이 좀 있는데요. 이걸로 그리셔도 돼요."
"그라믄 마 입술연지도 칠하고 볼 터치도 해 보고 그라까? 마 평생 몬 해 봤으이."
"우리는 마 일하느라꼬 손톱이 다 뭉그리지가 손이 영 안 이쁘다. 그림에다라도 이쁘게 함 칠해봐야지. 꽃이나 잔뜩 그리주야겠다."
"손에서 마 꽃향기가 나는갑지예?"
"엉. 와?"
"얼굴은 마 처녀다 처녀."
"입술이 마 앵두 같구마."

장문선 고정마을

곱디고운 내 몸

"우리 집 소나무 저기 을매나 장한지 모른다꼬.
 보는 사람들마다 와서 감탄을 해."

"송전탑만 아이므 마 나무나 가꾸고 마 편안하이 살낀데.
 처음에는 우리 마을로 안 들어온다고 했다꼬요."

"손이 마 영판 이쁘시네요?"
"아, 글씁니까?"
"나무를 좋아해서 그런가 나무를
 영판 잘 기리시네."

안병수 고정마을

곱디고운 내 몸

"손이 참 몬생깄제?"
"와? 뭣이 어떻노? 일한 사람 손이 다 글치."
"마 연지 곤지 찍고 예쁘게 기리줄란다."
"시집올 때도 몬 찍어본 걸 이래 다 찍어본다."
"꽃도 기리고 나비도 기리고 우리 집 개도 기릴란다."
"동산 너머로 뺄가이 해 나오는 것도 기리볼까?"
"와따 무서바라. 와 눈을 이래 뜨다 말았노."
"와? 이쁘기만 하구만."
"속눈썹 마 참-하이 이쁘네."
"와 한쪽은 기리고 다른 쪽은 안 기맀노?"
"눈이 게슴츠리한 기 마 여배우 겉다."
"콧구멍이 이래 벌렁벌렁한 배우가 어딨노?"
"마 여시 겉구마."
"와? 인자라도 나가가 남자 좀 후리볼라꼬?"
"몬 할 기 뭐 있노."

김쾌늠 고정마을

곱디고운 내 몸

정용순 고정마을

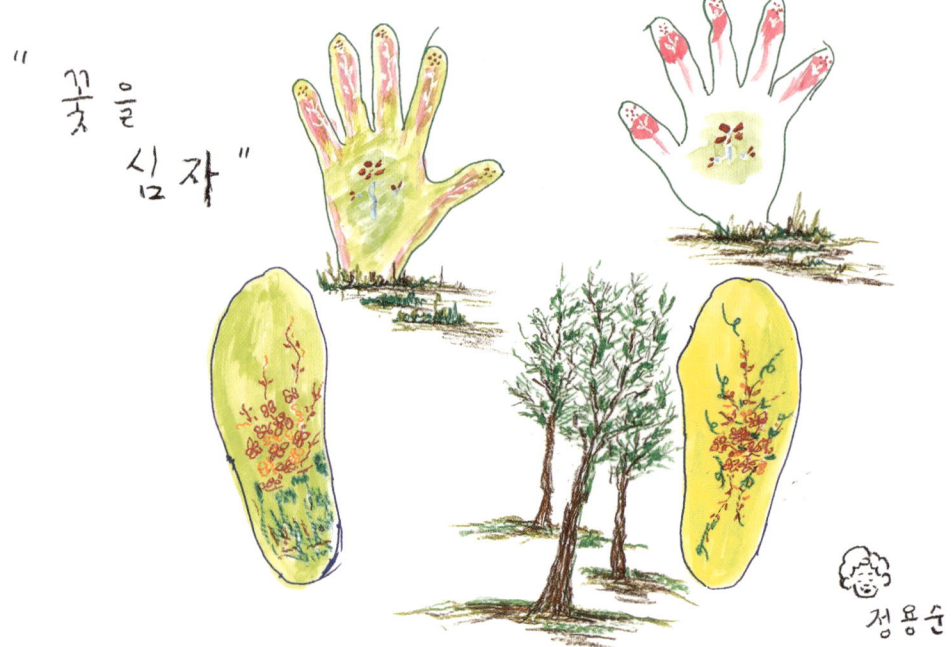

"야, 야 이 봐라. 이 사람은 마 손도 이쁘다."
"아이고 뭘요."
"우리캉 영 다르구마."
"이기 마 봉숭아물 들인 기가?"

"산에 들에 꽃 피는 게 제일 좋죠."
"저 산이 원래 사람 게 아니고 나무랑 새랑 꽃 건데.
 인간이 마 철탑을 세워갖고. 저걸 뽑아뿌고
 원주인한테 돌리주야 되는 기라."

"와따, 이 집은 마 새가 떼로 날아가네."
"나는 마 다시 태어나믄 새가 되어 훨훨 날고 싶구마."
"어데 그래 가고 싶은공?"
"안 갈카줄 기다."

"뭐 그리신 거예요?"
"산."
"이건 바다예요?"
"아니, 하늘. 하늘이고 나무고 다 산이지 뭐.
 밀양 산에는 소나무가 아주 장하다꼬."
"손은 마 이래 이래가 마 지장을 다 찍어뿌까?"
"네. 하고 싶은 대로 하셔도 돼요. 마음에 드는 색깔로."
"마음에 드는 기 뭐 다 자연의 색이지.
 맨날 천날 보는 기 그건데 뭐.
 우리는 마 다른 색은 모린다."

김말순 고정마을

곱디고운 내 몸

"할머니, 이건 뭐예요?"
"우리 집. 나는 울 집이 젤로 좋다."
"요 마 요기 허전한데 손바닥 하나 더 찍어뿌까?"
"네. 마음대로 하셔도 돼요."
"느그는 발이 우예 그래 크노? 나는 요만치밲이 안 된다.
 딱 맞차가 그리야지. 그림이라 캐도 막 맘대로 기리믄 안 돼."

김장옥 고정마을

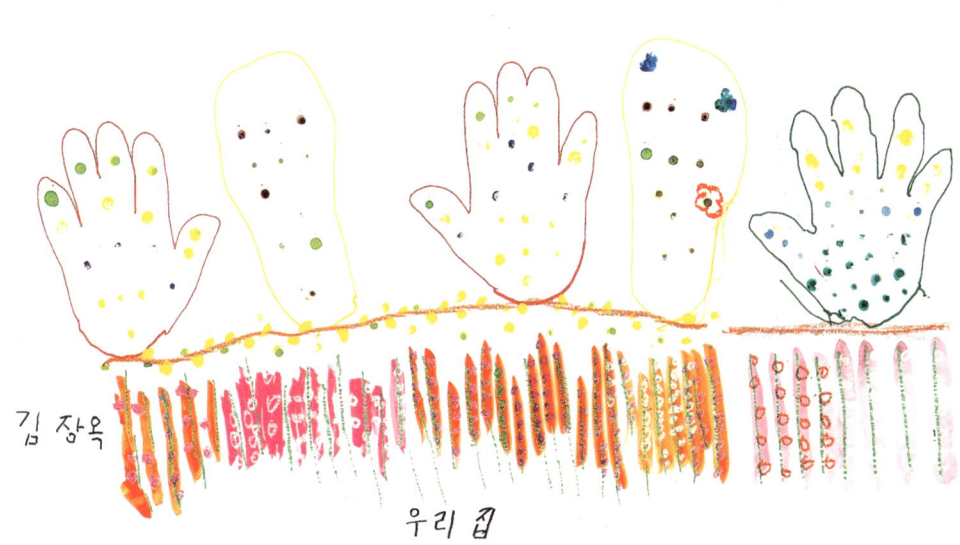

곱디고운 내 몸

"뭐 낼로 표현하는 기지 다른 기 뭐 있습니꺼?
 우리 집 농장에서 내가 키우는 거 그기지 뭐."

"참 맛있다꼬예. 고치. 붉은 고치. 가지. 뭐 별거 별거 다 키운다.
 다 맛있지만 그래도 여 상동은 감이 최고라꼬예.
 담에 감 따러 함 오이소."

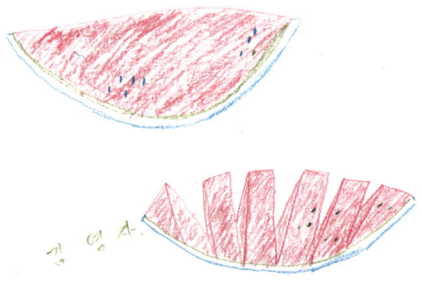

김영자 여수마을

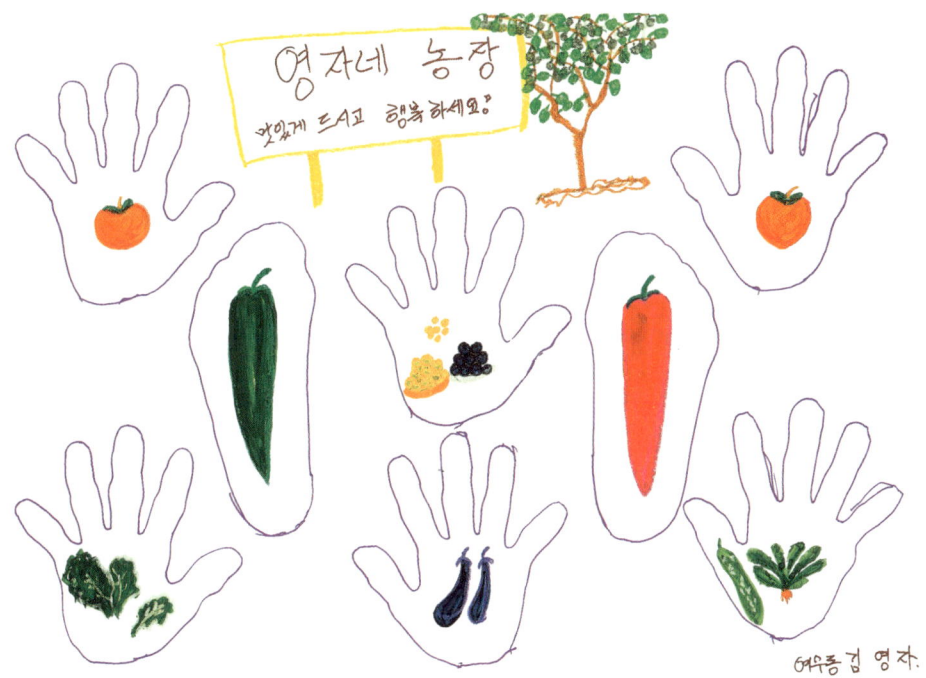

곱디고운 내 몸

유순남 여수마을

"손발만 기리믄 서운타. 여—가 그래도 상동 여수마을인데, 감나무를 기리야지. 감 한창 딸 때는 너무 바쁘다꼬. 뽁뽁 기— 다니는 사람 아니믄 다 나와서 감 딴다. 앉아가 밥 묵을 새도 없다."

"이건 뭐예요?"

"뭐? 뭣이 모르겠는데? 다 적어 줄까? 도시 사람들은 들에서 나는 거는 까막눈이라. 공부하는 건 박사래도. 이런 건 우리가 더 잘 알지. 그지요, 선생님?"

"요건 고구매. 요건 채송화. 채송화 참 이쁘거든. 요건 해바라기. 요건 알로에. 알로에는 껍질 벗기가 요구르트에 갈아 묵으믄 영 맛있다꼬. 요거는 장미."

"난 뭐 그릴지 모르겠다."

"그리고 싶은 거 생각나는 거 그리시면 돼요."

"뭣이 생각나노? 가만 보자. 생각나는 기 고구마, 소나무 이런 거백이 없는데."

"그런 거 그리시면 돼요."

"그카믄 양쪽에 딱 세워 놓을까?"

"여 고구마가 참 맛있어요. 감도 맛있지만."

김무출 여수마을

곱디고운 내 몸

"또 뭐 기리꼬? 우리야
 내- 보는 게 가지, 호박 뭐 그런 기지."

"넝쿨도 하나 기릴까?
 호박 넝쿨에 꽃 달리믄 을매나 이쁘다꼬."

"발로 그리는 건가 보지?"
"아이고 그림이 이쁘다!"
"야 난 손마디가 굵은데 잘 나오네. 돌아가시겠다 내가."
"손, 발만 그려도 누구 건지 알 수 있어요."
"우린 발이 커가지고."

2018년 1월 12일 여수마을 마을회관에서 그림 작업 중 참여자들 구술

박상순

박삼순 여수마을

박상순

곱디고운 내 몸

박정숙 여수마을

"할머니, 이건 뭐예요?"
"나무."
"요 밑의 거는요?"
"잎사구."
"아~."
"뭔지 모르겠어요? 요 나무에서 떨어지는 잎사구.
 가을에, 늦가을에 딱 하나 남아 있다가 떨어지는 잎사구.
 우리 할마시들도 인자 갈 때 얼마 안 남았다."

곱디고운 내 몸

"여 누- 바라."
"아이고 마, 종이 어마어마하게 크다."
"움직이지 말고 가마이 좀 있어 봐라."
"알긋다. 구박은 마 엄청시리하네."
"다 됐나?"
"다 됐다. 일나 봐라."
"아이고 마 이것만으로 마 작품이네."
"이것만 봐도 딱 닌 줄 알겠다."
"야, 이거 엄청 재미있다."

"이 안에 이제 채우고 싶은 걸로 채우시면 돼요.
 내 심장은 장미다 싶음 장미 넣고."
"나는 마 심장 안에 해, 달, 사람. 그기지 뭐.
 그기 세상 이치 아이가? 그기 우주다, 우주."

"버선은 마 맨날 신고 댕기는 그 보라색으로 딱 칠하고."
"버선 보이 영판 닌 줄 알겠다."

"야, 진달래색 좀 만들어 봐라. 그기 마 내는 너-무 좋아갖고."

"야생화도 좀 그리 옇고. 마 너-무 이쁘다."

"우리 평밭에 제일 야생화 예쁜 거는 복수초.
 노~랗든데? 복수초, 진달래, 할매꽃. 그런 기 이쁘지.
 마 말하자믄 한도 끝도 없다."

"그라믄 요짝 팔에는 노라이
 복수초 함 기리 볼까?"

한옥순 평밭마을

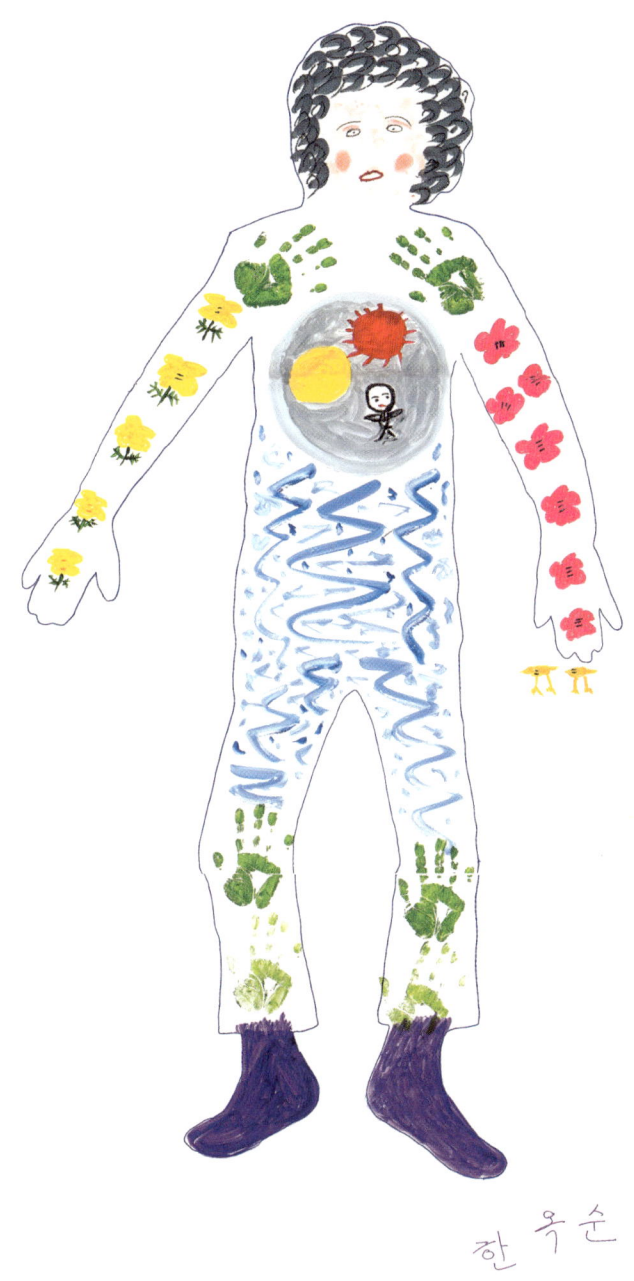

곱디고운 내 몸

"안 쓰시는 루즈 있으면 갖다 칠해 볼까요?"
"그런 거 마 너무 많지. 갖고 올까?"
"아따 마 새색시를 만드네, 새색시를 맨들어."
"볼 터치까지 하고 마 난리가 났구마."
"와? 떫나? 이왕 할라믄 이쁘게 해야지.
 머리도 요래 요래 넘기고."
"파마머리 영 잘 기맀다."
"잘 기맀제? 그라믄 마 팔에는 꽃이나 함 기리볼까?
 할매꽃? 할매꽃은 좀 연습을 해야 된다."
"다른 종이 드릴까요?"
"그래 함 주바라."
"아까 마 귀찮아서 하기 싫다던 사람
 어데 갔노? 마 일류 화가 났다."
"시끄럽다."

"아이고 마 인자 힘들어가 몬 하겠다."
"그럼 나머지 부분은 손바닥 도장 찍을까요?"
"그기 뭔데?"
"물감 묻혀서 신나게 찍으시면 돼요.
 좋아하는 색깔 만들어서."
"그래, 그래뿌자. 그래도 색깔은
 좀 이쁘게 찍어야 되지."

박후복 평밭마을

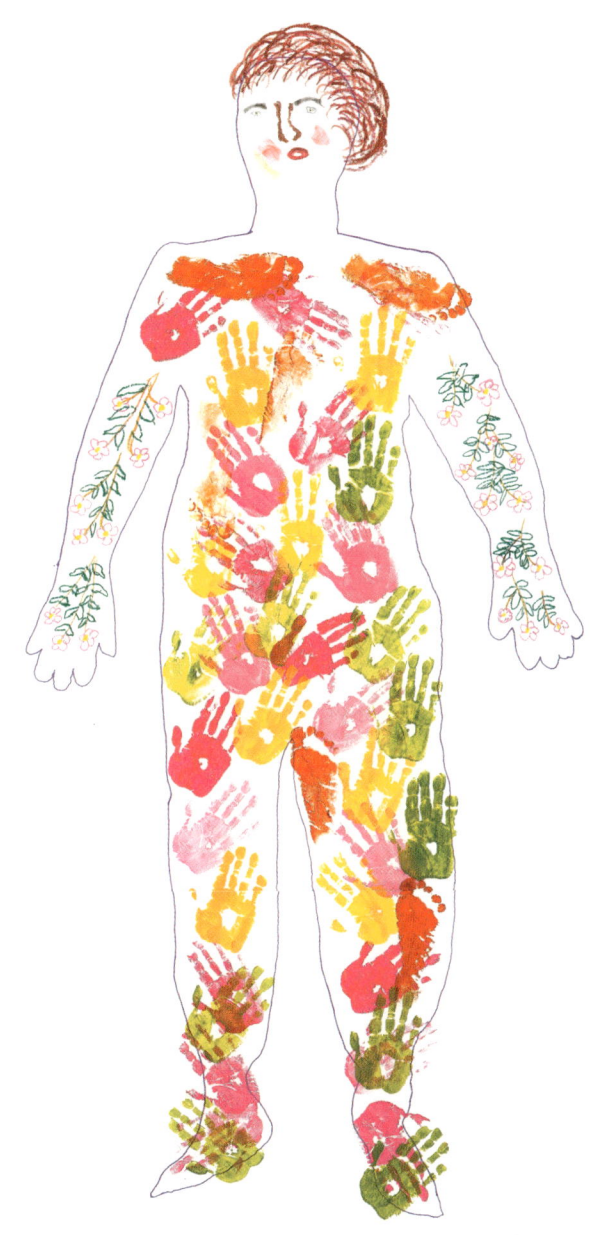

곱디고운 내 몸

이남우 평밭마을

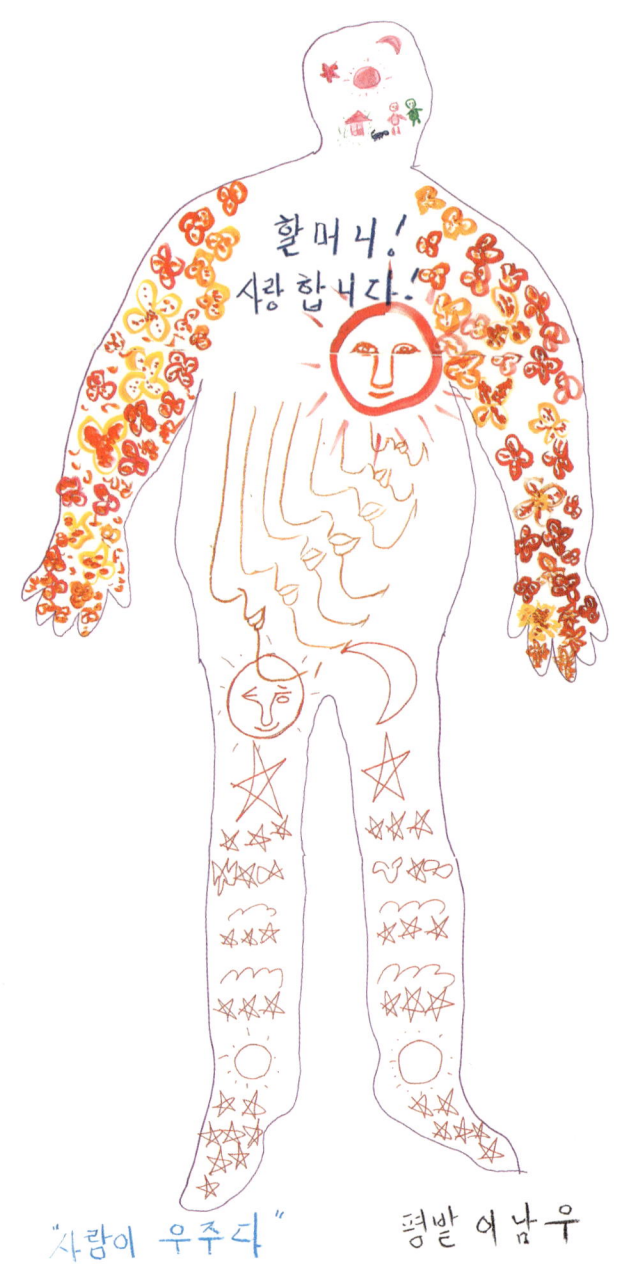

"마음 안에 있는 거 그런 거 그리시면 돼요.
 다리엔 가고 싶은 곳 그리셔도 되고요.
 머리에는 요새 많이 생각하는 거 그리시면 됩니다."
"저는 마 마음 안에 우리 밀양 할매들이 항상 있습니다.
 우리 연대자들이랑 사무국장님이랑.
 결국 사람이 우주 아입니꺼?"
"이 밑에 사람들은 누구예요?"
"이거? 정의로운 국민들.
 우리 국민들이 마 해냈잖아."

손달연 평밭마을

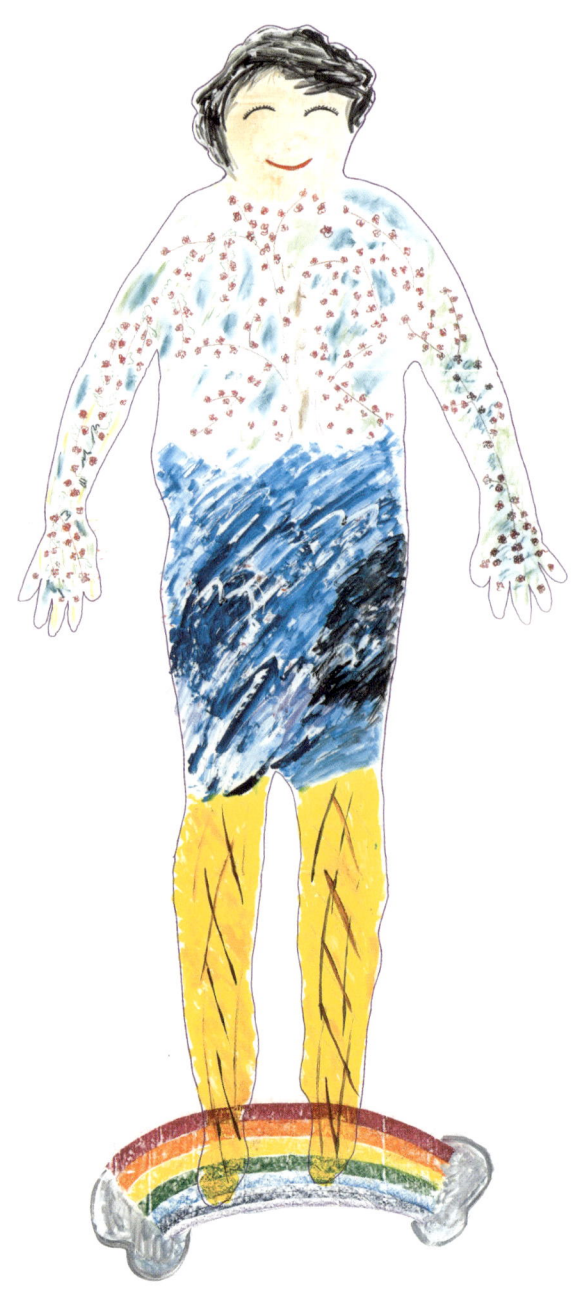

"야는 와 코가 읎노? 숨 막히가 죽겠다.
 눈썹을 마 이래 곱게 기릴 것 같으믄 코를 기맀어야지."
"코보다는 눈이 이쁜께로."
"이기는 뭐꼬? 나무가?"
"이래-, 내 안에 나무가 자라가- 꽃이 만개한 기지."
"발에는 무지갠갑네."
"실은 발을 좀 망쳐뿌가 수습하다 보이."
"원래 희망은 망친 데서 꽃피는 기다."

곱 디 고 운 내 몸

"제목은 뭘로 하시겠어요?"

"소나무 해도 되고."

"소나무. 제목을 써 주세요.
 왜 소나무 그리고 싶으셨어요, 그런데?"

"제일 그리기 수월하니까. 맨날 보니까 제일 그리기 수월타꼬."

"나는 마음 안에 항상 소나무가 있어.
 손에서도 항상 소나무 향내가 나고."

"와~. 그냥 딱 봐도 선생님인 줄 알겠어요.
 실루엣만 봐도요."

2018년 1월 12일 위양마을 정임출 씨 댁에서 그림 작업 중 윤여림 씨 구술

윤여림 위양마을

소나무

윤여림

곱디고운 내 몸

"와, 이 집은 마 온몸에 꽃이 폈네.
 꽃이 폈어. 이기 뭐꼬? 포도가?"
"네. 포도가 너무 탐스럽지예?
 가을에 늙은 호박도 마 우리 집에 호박이
 얼마나 탐스러운지, 마 너무 예뻐예."

"송전탑 땜에 속은 상해도 이래 꽃 핀 거 보고
 호박 보고 마 하믄 여– 오길 너무 잘했다 싶어예.
 송전탑 저거만 뽑아뿌믄 되는데."

박손련 위양마을

하늘빛 농원

박 손 련

곱디고운 내 몸

"니는 왜 그림 안 그리노?"
"저는 할매가 아니라서예."
"그라믄 내도 안 기리도 되겠네?"
"아이. 샘은 그리셔야지예."
"내도 밀양 할매가?"

"와따, 뭘 그래 열심히 그리노?
 아예 장소 하나를 독차지해가 열씸히
 그리는구만. 미대 가겠다 미대."

"에이고- 이런 걸 하라 하니까네,
 생전 해보다 만 걸 하라고 하니 어쩌노?"
"생전 안 해 본 걸 이렇게 잘하시면 어쩌노?"
"글나? 말이 또 그래 되네."

"그릴 기 너무 많다. 적목련에, 동백꽃에, 접시꽃에,
 튤립에. 오이도 좀 그릴까?"

"머릿속에는 송전탑뿐이 없는데?"
"송전탑에 꽃이, 송전탑에 꽃이 피는 것도 있잖아요. 그지요?"
"송전탑에 전기 안 보내면 거-서 꽃이 필 수도 있으니까네.
 장미 넝쿨이랑 꽃이랑 왕창 그릴까? 나비도 좀 있으면 좋겠는데.
 송전탑을 막 뚫고 나가도 되나?"

2018년 1월 13일 위양마을 정임출 씨 댁에서 그림 작업 중 참여자들 구술

곱 디 고 운 내 몸

4부

"소나무하고
　꽃은 꼭 기리야 돼.
　거가 원래
　　즈그 땅이거든."

송전탑과　　꽃

"근데 가운데 이게 뭐예요, 할머니?"
"달이래."
"아~."
"내가 바라보는 행복이에요 그게.
 이 안에 아~무 여한이 없고
 내만 있어요. 그게 너무 좋아.
 음. 진짜. 나 부자도 아닌데."

"오늘 내 행복은 평밭이 전부라."

"저 뻘간 기 송전탑. 이것도 송전탑이야.
 송전탑을 허물어서 행복을 되찾고 싶지,
 내가."

2017년 8월 3일 평밭마을 한옥순 씨 댁에서
그림 작업 중 이사라 씨 구술

이사라 평밭마을

송전탑과 꽃

장문선 고정마을

"누-란 긴 뭐꼬?"
"베락."
"베락?"
"송전탑 확 베락이나 맞아뺐으믄 좋겠다."

"마 그리 대-충 그리믄 안 된다꼬. 36줄이라. 전선이 딱 36줄이더라꼬.
 내가 헤아리봤다이께네. 아따. 그란데 다 못 기리겠다."
"그라믄 마 옆구리에다 써 놔라."
"마, 이기 너무 디-다. 다 그릴라카이. 밤에 불 빤딱빤딱한 것도 기리야 되고."
"힘들다 카믄서 꽃은 와 기리노?"
"기리야지. 원래 거-가 즈그 땅인데."

김말순 고정마을

"그래. 소나무하고 꽃은 꼭 기리야 돼.
 거가 원래 즈그 땅이거든."
"할머니, 여기 그림에다가 뭐라고 쓸까요?"
"송전탑 뽑아뿔자."
"다른 건요?"
"다른 기 뭐 필요 있노? 그기믄 됐지.
 딱 하고 싶은 말은 그 말밲이 없다."

송 전 탑 과 꽃

"니는 마 영판 잘 기리네. 숲이 마 진짜 같구마. 나는 이래 못 기린다."
"이 사람은 미술을 전문으로다가 했잖아. 그 꽃 갖고 요래 요래 하는 거 그기."
"압화."
"그래 그거."
"그래도 잘못 그렸다."
"뭐가?"
"불이 빠졌잖아, 불이. 정확하이 그리야지."
"그래. 송전탑에는 불 빤딱거리는 거 꼭 기리야 된다."

정용순 고정마을

송전탑과 꽃

"마 밤에 불이 빤딱빤딱하이 을매나 무섭다꼬요. 시끄럽고 무섭고 마 죽겠어."
"밑에 있으면 소리가 을매나 크게 들리는지. 윙– 하고. 전기 지나가는 소리."
"비 오믄 더 심해."
"그라이 사람 살라꼬 지은 기겠나, 죽으라꼬 세운 기겠나?"
"그래도 주변에 만나는 사람마다 송전탑 괜찮다고 그래쌓이."
"돈 을매나 벌었냐꼬 물어보는 사람도 많아예."

김계옥 고답마을

"돈 몇 푼씩 주가 마을 사람들 다 갈라놓고. 또 찬성하는 사람들
태양광발전 뭐 하게 해 준다 캐가 또 돈으로 꼬시 놓고. 한전 하는 짓이 다 글타카이."
"마을이 화합이 될라믄 결국 송전탑 저거를 철거해뿌는 거 말고는 답이 없어예."

박손련 위양마을

송 전 탑 과 꽃

장종필 용회마을

"이래가 안 되는데. 하이고 몬 하겠다."
"할머니, 왜 이렇게 엄살이. 다 잘하시면서."
"와, 그거 뭐예요?"
"우주선같이 생긴 송전탑이에요. 진짜 멋있어요."
"난 약간, 이웃집 토토로 같은 느낌이야."
"가에 뻔쩍뻔쩍하게."

2017년 8월 4일 용회마을 구미현 씨 댁에서 그림 작업 중 참여자들 구술

송 전 탑 과 꽃

권영길 위양마을

"나는 마 송전탑 저거를 확 불살라뿌믄 소원이 없겠다."
"그라다 나무도 다 태와뿔믄 어짤라꼬?"
"나무는 안 되지. 나무는 그대로 있고. 송전탑만."
"그기 되겠나?"
"송전탑 없애뿔고 거-서 나무랑 풀떼기랑 노-라이
 파-라이 올라오믄 을매나 이쁘겠노?"

윤여림 위양마을

"와~. 송전탑이 꼭 로봇 같아요. 영화에 나오는 거대 로봇."
"어떤 로봇? 나쁜 로봇이지요?"
"765가 실지로 보믄 억수로 크다꼬요. 오다가 봤지요?"

"빨간 건 불입니꺼?"
"불을 꼭 기리야 한다꼬. 빨간 불. 밤에 반딱반딱하거든. 그 붉은 빛이 들어오믄 마 숨이 탁 맥히지. 아. 저 우리 생명줄 잘라묵는 전기가 절로 지나가는구나 하고."

송 전 탑 과 꽃

박정호 평밭마을

"저거 되게 뚝딱 금방 만든 거죠, 송전탑은?
 어쩜 저렇게. 한 얼마 동안 만든 거예요?"
"저거 며칠도 안 걸렸제?"
"저렇게 큰 걸 만드는 데요?"
"어. 사전에 싹 다 준비해 놨다가 왕창 달려들어가지고 그래가
 이 할매들 다 홀랑 벗고 철탑 설 자리에 땅굴 파고 들어앉아 있는데,
 그것도 그냥 들어앉아 있는 것이 아니고 알몸으로다가 열 명의 할매가
 목과 목 사이사이에 쇠사슬을 걸어가지고 그래 앉아 있었어.
 쇠사슬 딱 걸어 있으면 한 명을 끌어내면 다 딸리 나와야 하잖아.
 그럼 잘 못 끌어내제? 그래서 이렇게 다 목과 목 사이에 쇠사슬을 감고
 감아서 연결해갖고 그래 앉아 있었는데, 경찰들이…….
 할매도 여자야. 벌거벗어 실오라기 하나 안 걸치고 죽을 각오로
 그 죽을 각오의 정신은 뭐냐 하면, 왜 우리 보금자리를 아무런 대책도 없이
 이렇게 짓밟고 있고, 땅도 집도 사람도 못 쓰고 못 살게 하면서 이게
 지나가는 게 말이 되느냐. 무슨 대책을 세우고, 그자? 문제를 해결하고 세워서
 지나가든가 해야 될 거 아니가? 근데 아~무런 그것도 없이 즈그 마음대로
 동네의 출입구를 가로막고 지나가는 거야."

2018년 1월 11일 평밭마을 김길곤 씨 댁에서 그림 작업 중 참여자들 구술

송 전 탑 과 꽃

"송전탑 뽑아뿔고 잔치나 함 했으믄 좋겠다."
"연대자들하고 함 모이가 봄이나 가을이나 다 함께 모이가
 1년에 한 번씩 잔치하믄 딱 좋겠다. 기념관도 만들고."
"여 29번 자리가 평밭 바로 앞인데 차편도 좋고 해서 위치가 제일 좋다꼬."
"인제 마 대통령도 바뀌고 했으이 그런 날 금방 안 오겠나?"
"전선도 다 끊어뿔고."
"하이고 마 생각만 해도 좋네. 그지예?"

한옥순 평밭마을

"할머니는 송전탑 관련해서 제일 하고 싶은 얘기가 뭐예요? 제일 기억나는 거."

"제일로 기억나는 거? 나한테 물어봐."

"할머니는 뭐가 기억나시는데요."

"개-새끼들. 한전 놈의 개-새끼들. 개-새끼들."

2017년 8월 3일 평밭마을 한옥순 씨 댁에서 그림 작업 중 이사라 씨 구술

이사라 평밭마을

송전탑과 꽃

"야, 여―는 마 꽃이 마 춤을 추네."
"꽃만 추는강? 소나무도 추고 풀도 추지."
"송전탑은 마 뵈기 싫으니까 대충 기리뿌고."

박후복 평밭마을

故 **김사례** 평밭마을

"이 불이 번쩍번쩍하고 송전탑에서."
"그쵸~ 이 불 때문에 밤에 신경 거슬리고. 그 다음에, 송전탑 그린 게."
"오~ 할머니. 붉은색을 많이 잘 쓰시네."
"송전탑에 벼락이 쳐가지고 얘를~."
"어, 없애버리네~."
"빡! 빠바박! 이게 핵심이에요."
"불이 마 번쩍번쩍하네요. 번개도 번쩍번쩍하고."

2017년 8월 3일 평밭마을 한옥순 씨 댁에서 그림 작업 중 故 김사례 씨 구술

송 전 탑 과 꽃

손달연 평밭마을

"색을 정말 화려하게 잘 쓰셨어요."
"여 평밭이 그래. 맨날 보는 기 그기라."
"다들 송전탑 그릴 때 꼭 꽃이나 나무를 같이 그리시네요."
"원래 거가 가—들 끼이까네. 원주인이 없으믄 안 되지. 송전탑이사 있다가도 마 금방 사라질 끼고. 꽃이나 나무가 진짜배기 땅 주인이지."

송 전 탑 과 꽃

김장옥 고정마을

"송전탑 주변에 아주 지천으로 꽃이 핀다꼬. 그라믄 얼마나 이쁜데."
"하늘은 마 파랗지 꽃은 알록달록하지 풀은 마 새파라이 올라오지."
"그란데 마 밤에 송전탑에서 뻘건 불이 빠딱빠딱하믄 그기 마 딱 꼴비기 싫어. 꼬라지가 비기 싫다꼬. 빠딱빠딱하이 불 들어오믄. 그기 마 그래 보기 싫다고. 속에서 불덩어리가 치밀어 올라."

송 전 탑 과 꽃

김쾌늠 고정마을

"송전탑 하믄 딱 두 가지가 생각나지. 뻘건 불하고 한전놈들."
"요 화악산이 밀양의 주산이라꼬예. 중심산. 줄기지 줄기. 그란데 마 일본 사람들이 옛날에 산만디-에 쇠꼬챙이 박던 거맨키로 저래 철탑을 세와뿌이 우예 되겠노?"
"일본 놈들이 옛날에 좋은 산마다 댕기믄서 쇠말뚝 박아 논 거 알지예? 그거 마 뽑다 뽑다 다 못 뽑았다는 말도 내 들었다. 뽑은 쇠말뚝만 해도 수백 개가 넘는다더라."
"저 한전 놈들 하는 짓이 왜정 때 일본 놈들 하던 짓이랑 똑같다이끼네."

"할머니, 이 사람은 누구예요?"
"어, 내."
"아, 할머니시구나?
 뭐 하고 계신 거예요?"
"응? 송전탑 아래서 맨날 천날
 울고 있지."
"할머니는 송전탑을 여러 개 그리셨네요?"
"어. 한 개만 기리갖곤 안 되지.
 여러 개가 지나가는데."
"이제 다 그리신 거예요?"
"아이. 아직 기릴 게 많다꼬.
 나무 기맀으믄 새도 기리야지.
 풀도 좀 기리고. 송전탑 불도 찍어야 된다."
"산에 사는 생명이 참 많네요."
"나는 기-만 기리믄 안 되지.
 땅에 뿔뿔 기-다니는 것도
 기리야 된다꼬."

정임출 위양마을

송전탑과 꽃

"이래 이래 대충 기리뿌지 마."
"잘 기맀구마."
"아이다. 마 대충 기린 기다."
"그래도 갖추갖추 그렸네. 꽃이 제일 크구마. 마 송전탑만 하다."
"당연히 글치. 꽃이 제일 중하이께네. 나무도 글코. 송전탑이사 마 금방 뽑힐 끼고."
"지발 이 지긋지긋한 송전탑만 뽑아주믄 내가 마 소원이 없겠다."

박정숙 여수마을

전병례 여수마을

"이기 마 송전탑 뽑히는 기이 그린 기네."
"그래 맞다."

"안타까운 게, 우리야 살날이 많다고 보고. 나이 드신 어르신이
뭔 짓이냐고요. 우리 말 듣고 남으신 건 아니지만도, 우리 말 듣고
아무것도 모르시고 나오셨잖아요. 그러면 이걸 우리가 풀어줄
입장인 거예요. 나는 그게 항상 죄책감이 내 가슴을 누르고 있는 거예요.
이분들을 어떻게 할 것이냐는 거예요."

"아이다. 우리도 다 지줌 생각이 있어서 나오는 기지.
돈 몇백 받아묵고 목숨을 내줄 일이가? 니 때문도 아이고 누구 때문도
아이라. 다 송전탑 때문이지. 그라이 마 내 소원은 하나라. 저 송전탑
꼭대기 올라가서도 외칠 수 있어. 송전탑 뽑아주세요 하고."

2017년 1월 20일 금호마을 조원규 씨 댁에서 김영자 씨, 유순남 씨 구술

송 전 탑 과 꽃

박삼순 여수마을

박 삼 순

"니는 마 이기 뭐꼬?"
"나무, 나무다 아이가."
"나무가 마 장하구로, 아 마 저 송전탑맨키로 커뿠네."
"그래. 인자 마 송전탑은 넘어가뿌고 나무가 쑥쑥 자라야지."

"마, 언젠가 뽑힐 날이 안 있겠습니까?
할매들이 그카지요? 마 우리 살아생전에 안 뽑히도 상관없다꼬.
언젠간 안 뽑히겠냐고. 지도 마 그렇습니다. 이래 찾아와 주시는 분들도 계시고.
들어서믄 안 될 기 들어왔는데 지가 안 뽑히고 계속 서 있을 순 없겠지요."

조원규 금호마을

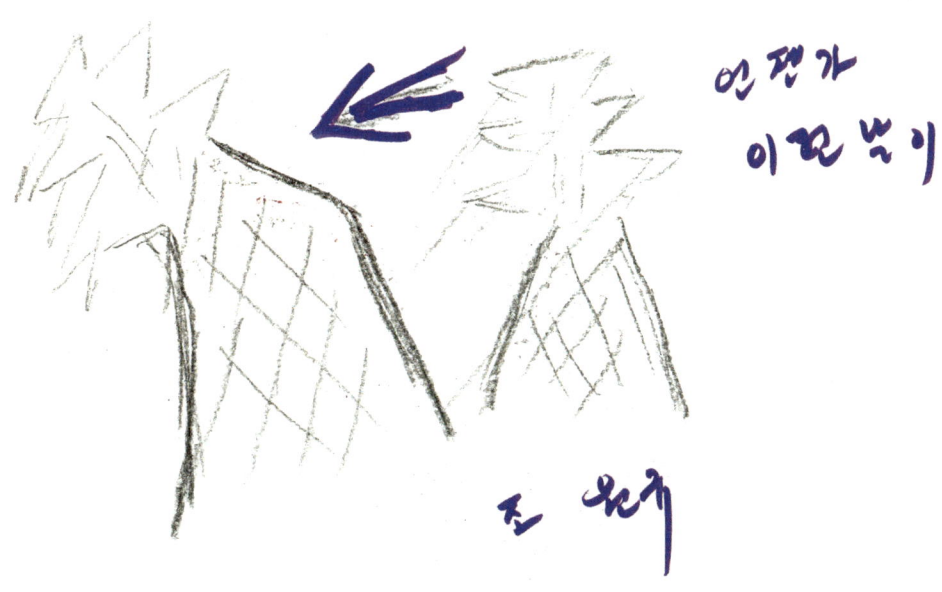

송 전 탑 과 꽃

유순남 여수마을

"가까운 사이가 더 힘든 게 무엇이냐면, 옛날에는 형님 아우
 잘 지내다가 요즘은 서로 돌리고 그냥 지나가. 그게 제일 답답하고.
 갈등이 너무 심해. 왜 심하냐. 옛날에 그렇게 지내던 사이가 정 없다고
 못 하거든요. 옛날 싸우고 할 때, 데모하고 할 때 뭐 먹어라,
 내가 바쁘니 네가 가고. 서로 그래 하다가."

"정부에서 하는 일은 안 된다. 왜 안 되는 일을 하냐. 이러데 사람들이."
"너희는 바보다. 바보. 너희 그리 한다고 송전탑이 안 들어서는 줄 아나."
"그런 식으로 하니까, 회관에 합의 본 사람들이 앉아 있으면 합의 안 본 사람들이
 안 가고. 합의 안 본 사람들이 앉아 있으면 합의 본 사람들이 안 들어오는 거야.
 그게 무슨 마을입니까."
"우리는 괜찮아. 합의서 도장은 안 찍어도 왜 어르신들 송전탑에 의한 돈은
 찾도록 해 주고 싶은가 하면, 이건 아닌 거예요. 회관에 나가 앉아 있어도
 그런 식으로 말 한마디 할 수도 없고, 계속 조롱감밖에 안 되는 거예요."

2017년 1월 20일 금호마을 조원규 씨 댁에서 유순남 씨, 박삼순 씨, 김영자 씨 구술

송 전 탑 과 꽃

"나는 마 송전탑 뽑아뿔고 소나무나 키울란다.
 내가 글씨를 잘 못 쓰이까네 여 좀 써주시소."

"아이고 마 이 집은 마 그림이 마 희한하네."
"와?"
"나무가 마 울끈불끈하는구마."
"이기 내다. 내가 마 나무 붙들고 송전탑 못 세우구로
 싸우고 안 그랬나? 이기 내라꼬."
"나무에 매미맨쿠로 딱 붙어 있구마."
"그래, 그래 싸웠다카이까."

손수상 여수마을

안원일 여수마을

"할아버지, 여기 그림에다가 쓰고 싶은 말 있으세요?"
"뭐로 쓸꼬? 나는 마 글은 영 잼병인데. 마 이래 쓰이소.
 송전탑은 없어지고 나무는 승리해라."
"우와, 너무 신기해요."
"뭐가?"
"할머니들이 약속이나 한 것처럼 다들 비슷한 말씀을 하셔서요."
"다른 데서도 그카든갑지? 마 그 말뺵이는 할 말이 없잖아. 다른 무신 말이 필요하노?"

송 전 탑 과 꽃

"할머니들은 서로 의논하신 것처럼 송전탑 그리실 때
 꼭 송전탑, 나무, 꽃 이렇게 그리시는 것 같아요."
"뭐 실지 산에 사는 기 그라이끼네, 암캐도 글켔지 뭐. 몰라, 우리는.
 생전 이런 거 기리 본 적도 없고."
"기리 놓고 보이 마 우주선 겉네. 그지요? 와 이리 웃기노."
"잘 기맀구마. 색깔도 참-하이. 근데 마 말은 무시무시하네."
"뭐, 어떻노? 맞잖아. 니도 글찮아. 마 확 불이나 확 싸질러 놓고 오고 싶지 뭐."
"실제로 할마시들이 뭐 할 수나 있겠나. 그래도 마음이 글타는 기지. 오죽하믄 그라겠노."
"밤에 전기 지나가는 소리, 윙윙 소리 나믄 마 속에서 천불이 올라온다이끼네."

김무출 여수마을

"니는 벌써 다 기맀나?"
"하믄 뭐 어렵나? 이래 이래 쉭쉭 기리믄 되지. 뭣이 어렵노? 내는 한―나도 안 어렵다."
"땅은 누렇고 하늘은 퍼렇고 나무에 이파리 몇 개 기리고 송전탑이사 대충 기리믄 되지. 나는 마 열심히 기리고 싶지도 않구만. 하도 웬수 겉어서."
"빨리 밥이나 묵자. 얼른 기리 놓고. 뭐 한다꼬 그래 공을 들이노? 그란다고 마 대작이 나오겠나?"
"니는 밥백이 모리나?"
"사람들이 왔으이 밥을 믹이야지."
"천막에서도 우리 옥희 씨가 참 맛있는 밥 많이 해줬으예. 그지요?"

김옥희 용회마을

송전탑과 꽃

"이기 이기 뭐꼬?"

"파스텔이라는 거예요."

"이기 마 영 재밌네. 손으로 슥슥 문지르이 희한하게 되네."

"세상은 좋은 세상이다."

"마 이래 이래 칠해 갖고 손으로 마 문지르이까네 마 색이 다 칠해지는구마."

"할마시들 인자 새로 학교 갈라는갑다."

"와? 가라믄 못 갈까 봐. 가라믄 가지."

장옥수 용회마을

"할머니는 뭘 그리고 싶으세요?"
"전기. 송전탑에서 흘러나오는 전기. 우리 몸에 그–래 안 좋다잖아.
 그리고 그 밤에 번뜩거리는 뻘건 불. 그기 아주 기분 나쁘다꼬.
 비 오는 날이믄 소리도 엄청 크게 들린다꼬."
"마 이래 이래 기리뿌까?"
"네, 잘하시는데요."
"잘하기는 뭐. 마 대충 기리는 기지."
"처음에는 그리라니까네 마 암담하디–만은 마 또 하니까 되네.
 마 이래 이래 기리믄 되겠나?"
"마 실제로는 못 그라이께네 그림에서나따나 마 송전탑에 불도 싸질러뿌고
 마 송전탑을 히까닥 제껴뿌고 마 그래삐는 거지 뭐."

이춘화 용회마을

송 전 탑 과 꽃

김필선 용회마을

"아따 마 다들 잘 기리네. 나는 마 우예 기리야 될지 모르겠다."
"어데 보자. 다 기맀구마 그라네. 그카믄 되지 뭐 을매나 더 잘 기릴라꼬."
"아이라. 여 선이 몇 개던동? 이기 이기 여 삐쭉 나온 기 이기 개수가 딱 정해져 있는데. 765는 딱 크기가 정해져 있거든."
"마 대충 기리믄 되지 뭐 을매나 정확하게 똑같이 기릴라꼬."
"그래도 정확하게 기리야지. 우리가 눈만 뜨면 보던 긴데."
"요 끝에 요게 이런 기 달리 갖고 여 전선이 매달리거든요. 그래가 욜로 전기가 나간다꼬."

송 전 탑 과   꽃

강순자 용회마을

"요는 마 송전탑은 마 대충 기리뿌고 꽃은 마 엄청시리 열심히 기맀네."
"꽃이 마 너무 예쁘네."
"수 놓는 것맨치로 그맀구마."
"근데 이기 이기 뭐꼬?"
"아, 송전탑 쓰러뜨리고 그 위에 꽃이 핀 거라예."
"요, 요 뻘건 건?"
"하늘에서 번개가 쳐갖고 송전탑이 쓰러지는 기지."
"아따 마 이야기가 장하구마."

"나는 마 생전에 이런 거 안 해 봐서 한나또 몬 기린다."
"이런 거 마 손에 쥐어 본 적도 없다."
"이런 거 할 여가가 어데 있었노?"
"그라믄 마 송전탑만 한 개 기리라."
"그래도 하늘은 기리야지. 풀도 기리고."
"그라믄 됐네, 이제."
"안 된다! 꽃은 꼭 기리야지. 이파리 세 장짜리도 있고, 네 장짜리도 있거든예. 이파리가 요래 요래 펼쳐진 것도 있고 요래 다물린 것도 있고."
"아따 꽃은 마 정성시리이 기리네."

김말순 용회마을

송 전 탑 과 꽃

"와, 여—는 마 그림 선생이네 선생."
"교장샘은 옛날에 그림 그렸다 캤어."
"아, 선생님은 예전에 그림을 그리셨었어요?"
"아, 아닙니다. 전에 그냥 취미 삼아.
 조끔 그렸지요. 손 놓은 지 오래됐습니다."

고준길 용회마을

구미현 용회마을

"여-는 마 눈썰미가 장난이 아니네. 송전탑 그린 거 함 봐봐라."
"송전탑에 꽃이 피고, 넝쿨이 마 올라가고."
"예전에 저희가 그런 이야기를 한 적이 있거든예? 송전탑 저거를 뽑아갖고
 없애뿔지 말고 어디 전시를 하든가 그렇게 하자, 하구요. 그래서 다시 이런 일이 없게 하자,
 뭐 그런 취지로. 그때 우리 연대 왔던 예술가들이랑 같이 작업해서 송전탑을
 꽃으로 꾸며도 좋겠다, 그런 이야기가 나왔었어요. 그게 생각이 나서 함 그려 봤지요."

송 전 탑 과 꽃

강순득 여수마을

"저기 마, 송전탑 저기 마 딱 괴물 겉다꼬."
"사람도 잡아묵고, 마을도 잡아묵고. 딱 괴물이지 뭐꼬?"
"그래 내가 밤마다 안 글카나. 송전탑 저거 내 눈에 안 비도록 마 뽑아뿌라꼬.
 그라이 마 그래 써뿌라.
 괴물 같은 송전탑 뽑아뿌라.
 내 눈에 안 비도록 뽑아뿌라."

박삼순 여수마을

"이거 나무예요?"
"아니. 송전탑."
"이 두 개는 왜 누웠어요?"
"응. 우리가 뽑아가 씨러뜨린 기지. 인자 차차 나머지도 씨러질 끼라."
"할머니~. 그림 아래에 뭐라고 쓸까요?"
"응. 이래 씨라. 송전탑 뽑아삐고 꽃이 활짝 피었으면. 마 그기믄 됐다."

송 전 탑 과 꽃

"참, 동네가 이렇게 되어 버리고 나니까, 사는 게 재미가 없다 해야 하나.
　우리는 뭐 나는 아예 회관에 먹을 것 있어도 부르지 마소 그카지."
"옛날처럼 돌아가기는 어렵고. 옛날처럼 산다고 생각하면 그렇게는 안 되고."
"그라이 그 ○○○ 아들이, 엄마 이 동네 무슨 미련 있어 살려 하노. 그만큼 했으면 됐지.
　뭐가 있어 못 떠나나. 그래가지고 다 팔아버리고 자기 엄마 데려가버리고."

"참……. 동네가 뭔 분열 이러면 우아한 소리고. 그냥 동네가 쪼가리 난 상황이지."
"박살이 나고 쪼가리 난 상황이지."
"인자 서로 사촌간인데도 말 안 한다 아입니꺼, 송전탑 때문에.
　아래 윗집에 사는데도 말 안 합니다."
"저 형은 못마땅하고. 하지 말라고 해도 안 되고. 자기 산다고 그렇게 하니까
　서로 뜻이 안 맞으니까 아예 말을 안 해삐는 기지."

"감정만 자꾸 쌓이는 거지."
"돈이 꽉 차–가 있으니까. 송전탑 저게 박살나고 없어야만 참 옛날 겉은
　우리 동네 맞아볼 수가 있는데. 저게 살아 있으면 절대 안 됩니다. 절대 안 됩니다."
"송전탑이 동네를 이렇게 박살시켰다 안 합니까. 돈이 얼마나 많길래
　사람을 이렇게 가지고 노나."

2017년 1월 20일 금호마을 조원규 씨 댁에서 김영자 씨, 유순남 씨 구술

"요래 요래 하믄 되겠다. 송전탑이야 뭐 눈 감고도 만들지 뭐.
 하도 봐싸이께네. 맨날 천날 보는데 뭐."
"허리가 구부정한 기 똑 니 겉다."
"마 할마씨가 허리 구부정하이 해가 손 다소곳하이 해가 마 인사하는 거 같구마."
"새색시겉이 참 참하게도 한다."

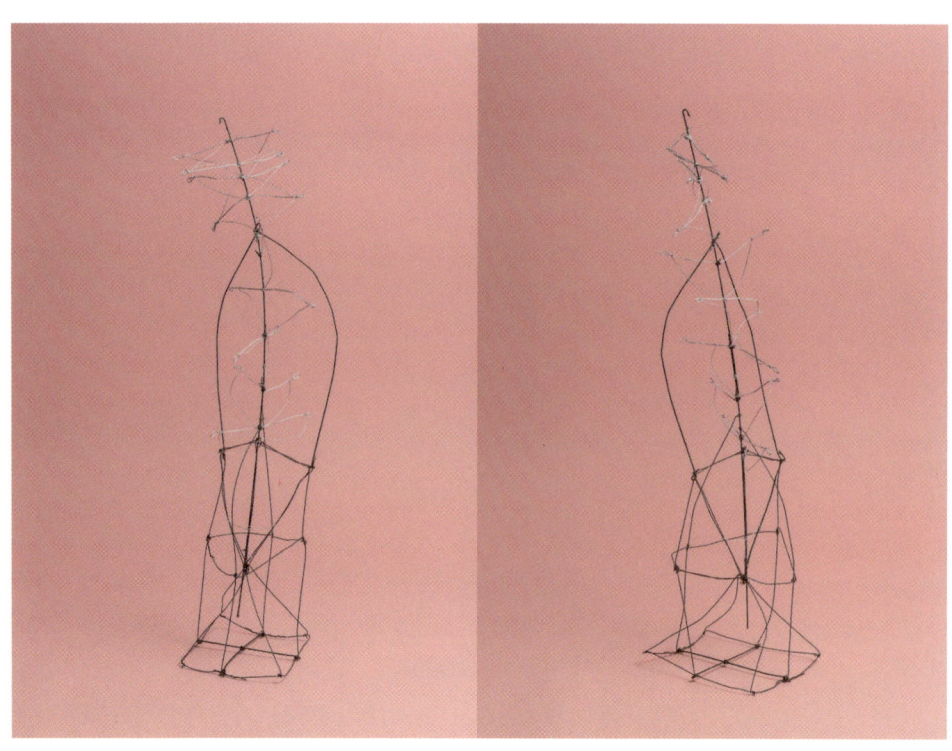

"요거는 마 똑 손잡고 둘이 마주 서 있는 거 겉네."
"참, 희한하이 글−네."
"그래 마 요래 연대자들 손잡고 있는 거 마이 맨들까?"
"연대자들 아이믄 마 이래 오래 못 싸웠다."
"연대자들 아이머 마 암껏도 아이지."

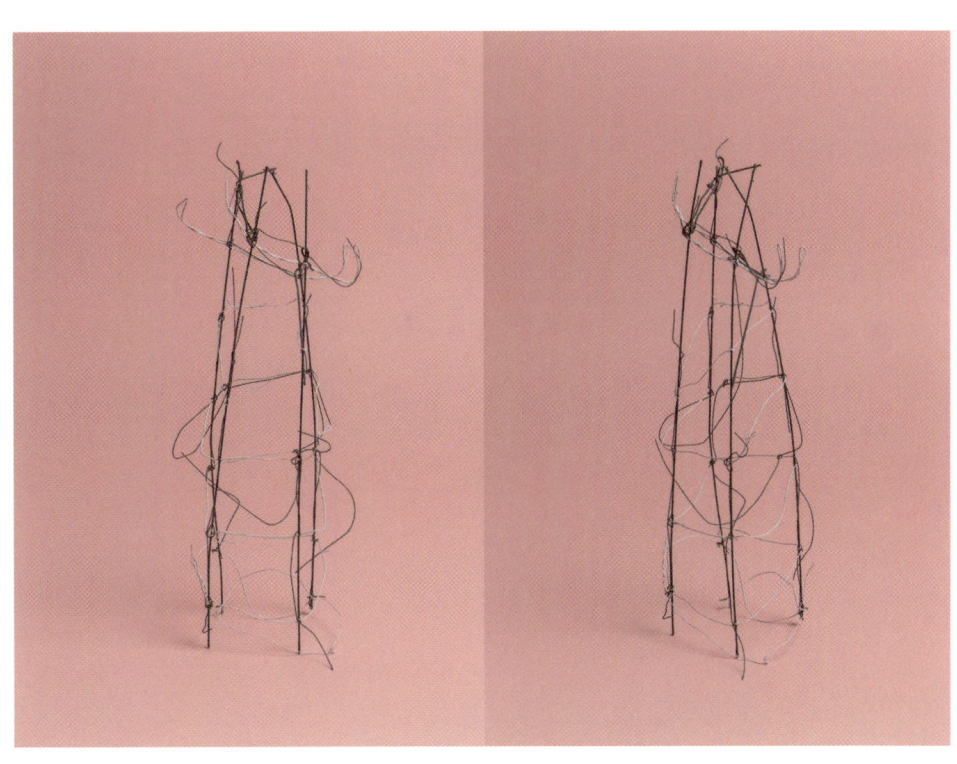

송 전 탑 과 꽃

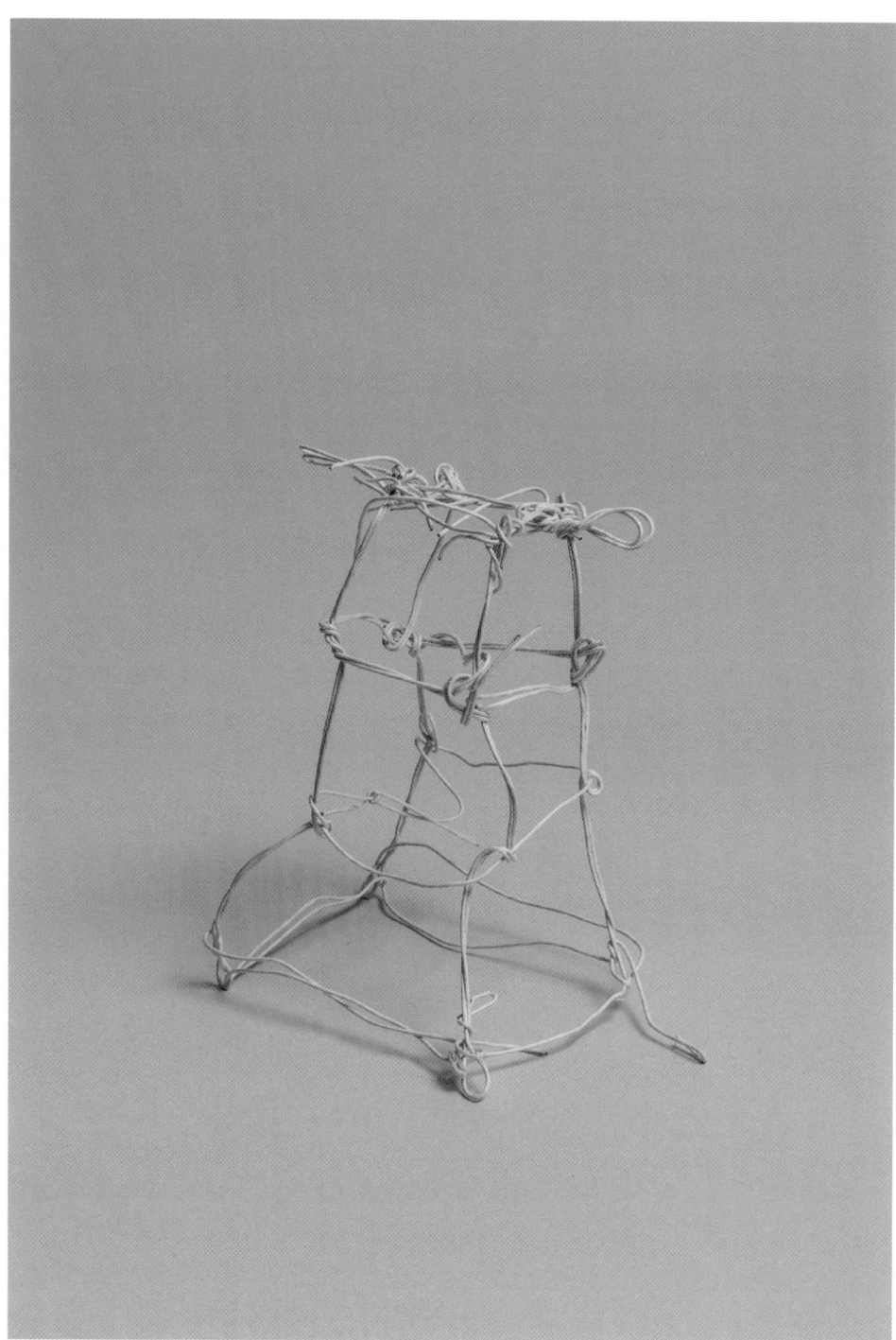

"참 글—네. 키 작은 사람은 작게 맨들고 키 큰 사람은 크게 맨들고."
"다 마 꼭 지겉이 만들었구마."
"똑 여기 할마시들 겉다, 송전탑이."

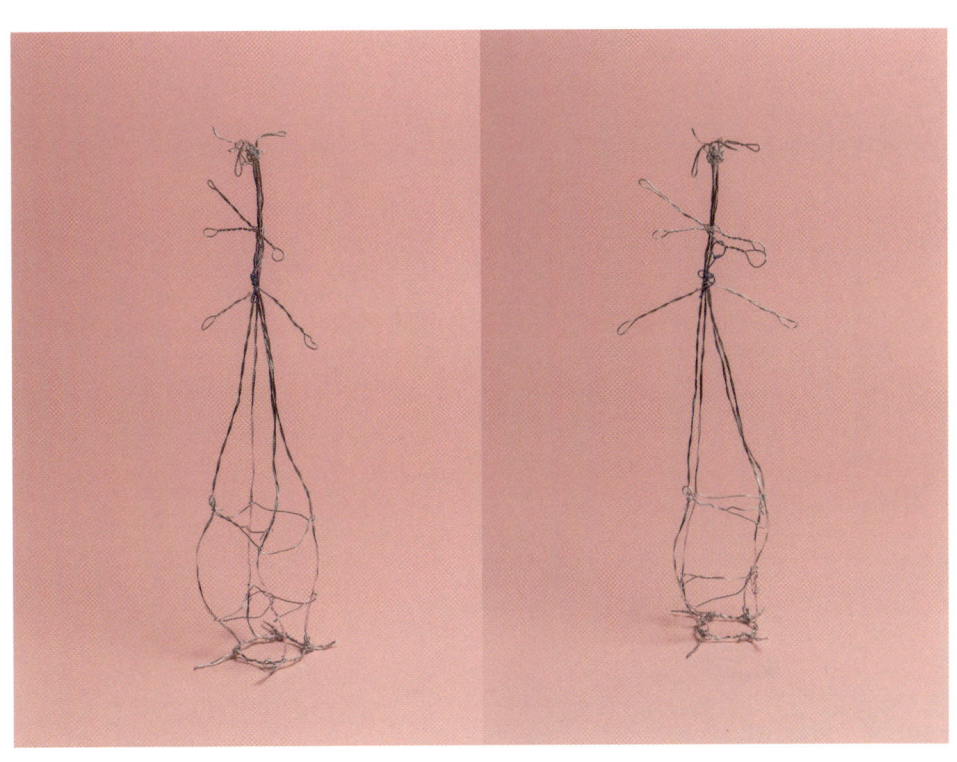

송 전 탑 과 꽃

"우리가 그런 얘기도 했거든예. 송전탑 뽑아갖고
 박물관 겉은 거 세우믄 거-다 전시해 놓자꼬."
"그라믄 마 사랑의 송전탑을 만드까?"
"지랄한다."
"와. 좋기만 하구만."

"나는 마 싹 다 불살라뿄음 좋겠다."
"활– 활– 태와라 그라믄."
"마 활활 탄다."

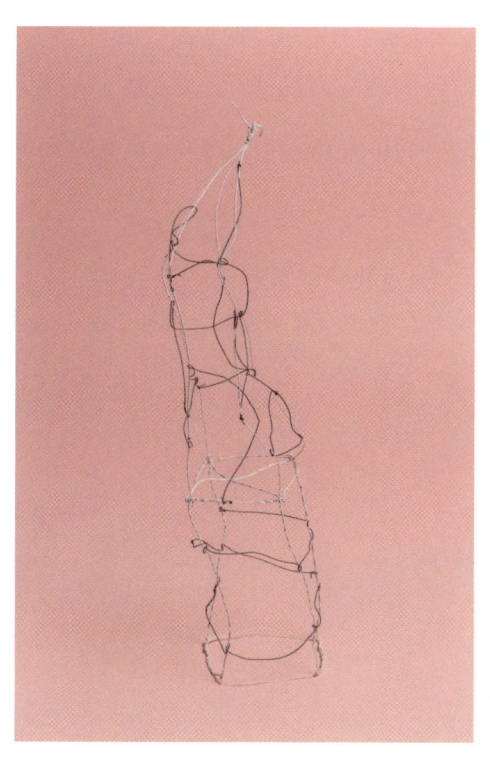 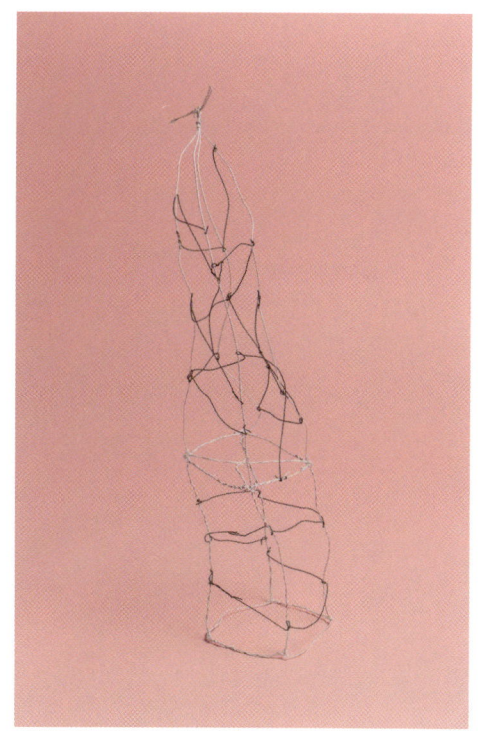

송 전 탑 과 꽃

"요 내가 지금 대롱대롱 매달려 있다 지끔."
"마 할마시들이 마 타고 올라간다."
"기를 쓰고 올라가는구마."
"마 꼭대기까지 올라가가 마 속 씨원하이 함 외치뿌야지."
"송전탑 뽑아도고. 여 사람 다 죅인다."

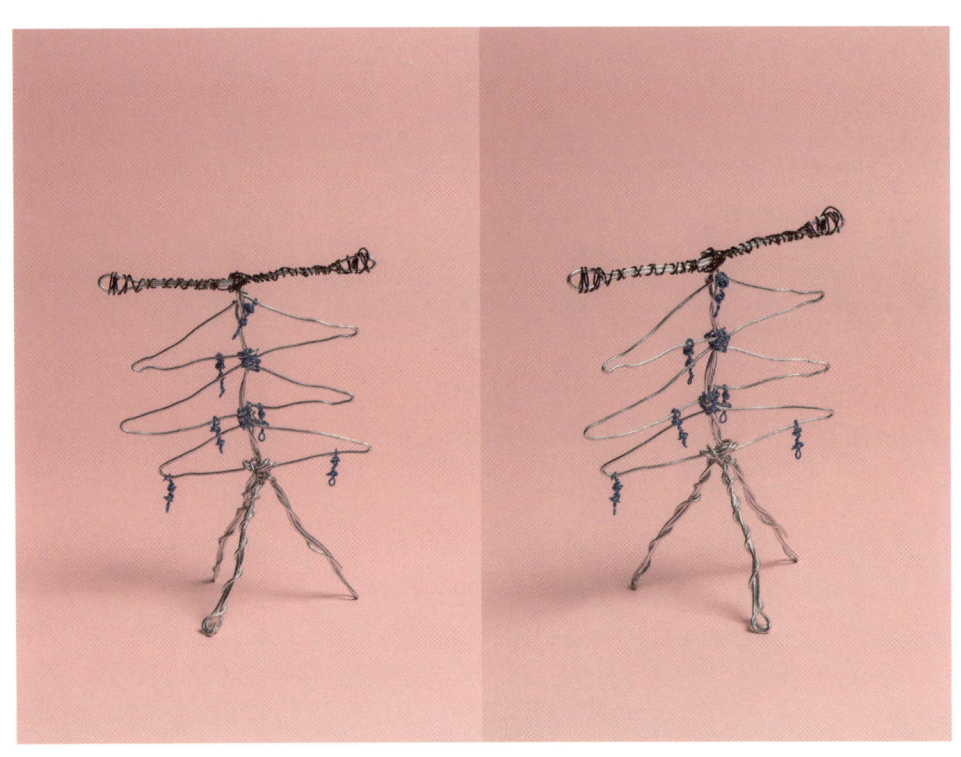

"나는 이거 왜 만드노 하면, 철탑에 저거 한 번만 올라가
 죽었으면 소원이 없을 것 같아서."
"올라갈라꼬?"
"어, 여기 올라갈라꼬, 그래 이거 만든다. 몬 올라가서 지금 한이 맺혀 있거든."
"철사로 할머니도 만드세요. 그래서 철사 사람이라도 올려 보내세요."
"이거를 타고 올라갈라꼬 지금."

2018년 1월 11일 평밭마을 김길곤 씨 댁에서 그림 작업 중 참여자들 구술

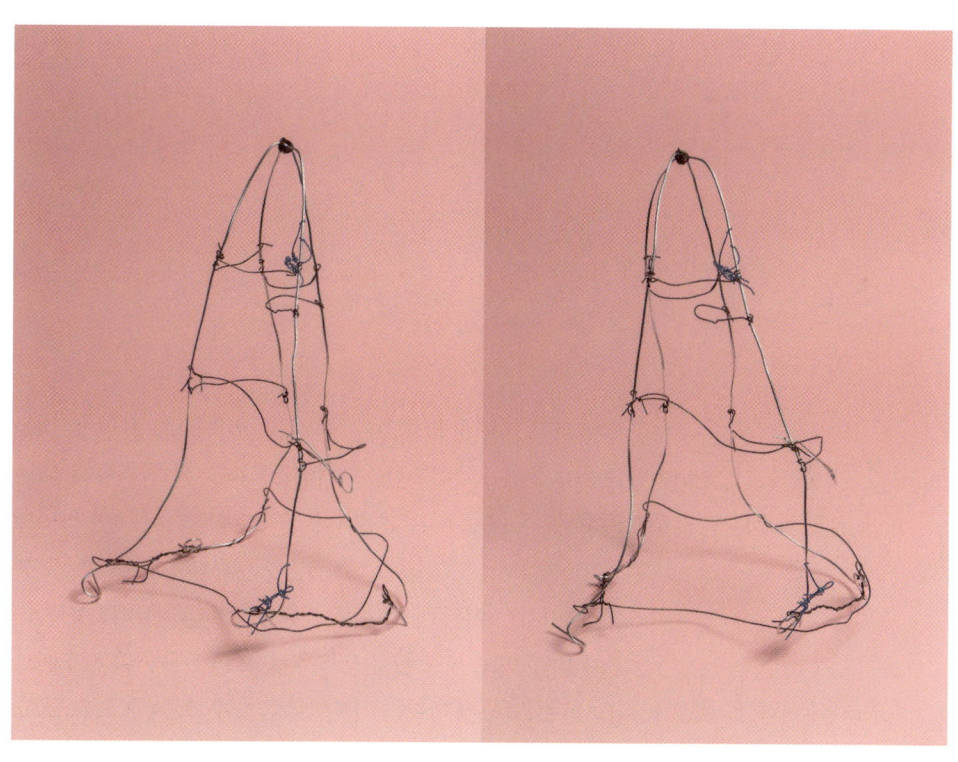

송 전 탑 과 꽃

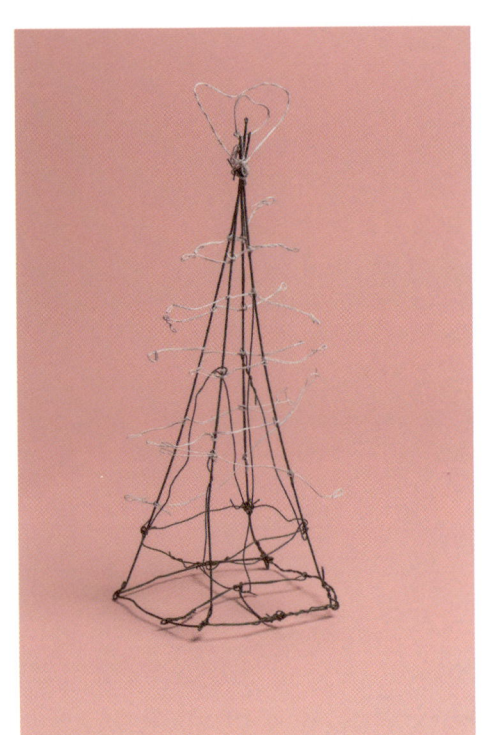

"나는 만날 천날 생각이, 정치가 개정치다 이기라.
사람이 이런 정치 하는 기 어딨노. 사람이, 국민 하나 살릴라고 국가에서
애로 쓰고, 할매들 다 경로당 지어주고 뭐 하는데, 왜 여 우리 데모하는 사람들은
개겉이도 취급 안 하고. 데모할 때 한창 막 뜯고 할 때에, 나오라 캐서
내가 안 나갔는데 내가 쇠줄로 걸어가 있었거든. 절단기로 가 여 대가 끊는데
똑 기분이 내 모가지 끊는 기분이더라. 절단기로 쇠줄로 끊는 기라,
우리가 안 푸니까. 그러고 그 막(천막) 치갖고 몇 년을 살았는데, 칼로 가
전부 다 막을 경찰들이 째면서, 그래서 내 그랬어. 옛날에는 허가 없는 집을
뿌시는 것도 경찰들이 안 뿌시고 특공대라고 있었어. 그런 사람들이 뿌시지,
정상적인 경찰들이 이거를 뿌시는 법이 어데 있노."

2017년 1월 24일 평밭마을 김길곤 씨 댁에서 박순이 씨 구술

"전부 다 외지에서 들어오신 분이고, 원래 원주민은 몇 분 안 됩니다.
그런데 외부에서 들어오셔도 몸이 안 좋아서 휴양을 오신 분이 많고, 그래서 참
화목했습니다, 이 부락에. 조그만한 음식 있으면 서로 불러 갈라 묵고 말이지예."

"그런데 찬성한 사람하고 반대하는 사람하고 영 갈렸으예. 만나도 말도 안 하고
인사도 안 하거든예. 그리고 50대, 우리 마을에서 제일 젊은 사람인데,
나(나이) 많은 사람보고 절대 인사 안 해요. 그래 그기 참, 내가 그거를 갖다가
어떻게 해결을 할라고 애를 많이 썼어요. 그래도 철탑은 철탑이고, 마을이
화목은 화목하게 지내야 되는데, 이게 지금 우리 마을이 엉망 돼 있어예."

"그래 돈이라 카는 게 참. 그래 그게 언젠가 나는 이 마을을 갖다가
바로잡아 놓고 그만둘라고."

2017년 1월 24일 평밭마을 김길곤 씨 댁에서 김길곤 씨 구술

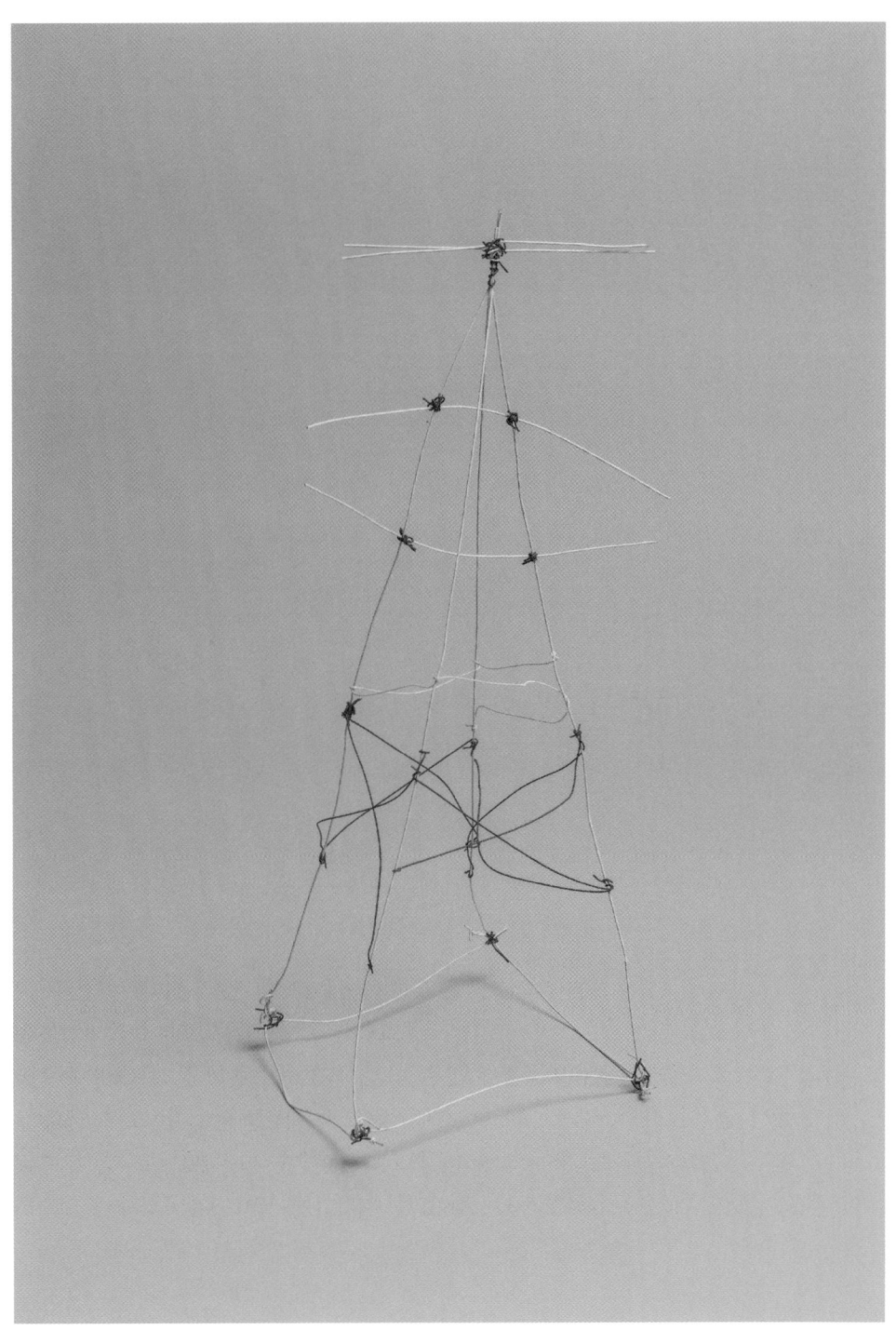

송 전 탑 과 꽃

5부

"그라믄 마
우리 편은 예쁘게 기리고
쟈—들은 마
대충 기리야겠다."

함께 싸워 온 우리

정임출 위양마을

"그 칼이 하나, 사람이 똑 가지도 안 하고 그 하우스를 다 찢었는 기라. 그리고 쇠사슬 끊고. 다 가뿠어. 내 있고도 와 가지고. 들오길래, 내가 딱 입구에 몬 들오도록 입구를 탁 괴었는데도 기어코 거 들와가주고 있는데 '날 죽이고 철탑 세와라. 제발 죽여다오. 제발 날 죽여다오. 죽고 싶다. 죽여다오' 쇠사슬 끊고 뿌사내고 이래 가는데 우째 그래가지고 뭐, 기절을 했는가. 인자 굶었제, 들어내니까 발악했제, 하니까 인자 기절을 했는가 봐. 그리고 난중에 정신 차려 보이까 병원이더라고."

"저 6월 11일 날 행정대집행 받고 나서 우앴노 카면 '절망할 끼 아이다, 우리가', 우리는 할 수 있는 데까지 다 했거든. 수단과 방법을 안 가려서 할 수 있는 데까지 다 했으니까 응, '실망할 끼 아이고, 절망 속에 빠지야 되는 게 아이다. 우리가 정신 차려야 되겠다' 나는 그랬어.

윤여림 위양마을

그 이튿날, 산 속에 몇 달로 있다가 보이까네 머리도 길어서 엉망이고.
그 이튿날 내가, 아침밥 해가 먹고. 그날 병원에 실리 가가지고 저녁에 정신 차리가 보이 병원이더라. '아, 내 숨 쉬네. 숨 쉬면 나 집에 간다. 집에 가자. 숨 쉬는데 뭐 할라꼬 여 있을 꺼고, 병원에 있을 꺼고. 병원에 있을, 병원에 돈 보태줄 필요 없다. 집에 가자 캐라' 집에 와여 정신 차려가지고.
그 이튿날 내가 미장원을 가서 머리 치쁘고, 머리하고 와가주고,
새로 우리는, 이거는 여기서 우리가 좌절하고 주저앉으면 안 되거든.
'해야 된다'
그래서 새로 시작했어요."

2016년 7월 30일 위양마을 정임출 씨 댁에서 정임출 씨 구술

"산에 드가 있으니 마 좀 씰씰하고 그란데
연대자들이 찾아오믄 그래 반갑은 기라."
"마 묵을 것도 없고 하이 마 누가 가-온 바나나 및 개가 있어가
묵는데 마 어-찌 맛나든지 지금도 그 맛이 안 잊기는 기라.
아홉 명이 오순도순 나눠 묵었다꼬."
"아따 마 그 긴긴 날 싸와 놓고 생각나는 기 바나난갑네."
"기가 막히게 맛있었는갑다."
"무-을 것도 없고, 배고프고 한께 더 맛있었던갑지."
"그기 바나나 맛이 아니라 사람 맛이라. 인정 맛."

故 **김사례** 평밭마을

함께 싸워 온 우리

"난 저거 생각만 해도 가슴이 찡해. 저거 이제 알리기 전이야.
세상에. 그때 할머니들이 막 눈빛이 막 바뀔 때라.
저기 막 하청업체들이 와가지고, 한전에서 하청업체들이 와가지고
군화로 막 짓밟으면서 할머니들 막 욕을 막, 입에 없는 욕을 하면서
할머니들 나무 빈 거를 끌어안고 막 못 비라고 할 그때였었어."

2017년 8월 3일 평밭마을 한옥순 씨 댁에서 그림 작업 중 박정호 씨 구술

박정호 평밭마을

함께 싸워 온 우리

"나는 저걸 보면 저 사각형 자리가
 관으로 보여. 관으로."
"무덤에, 관으로 팠다 아이가."
"지금도 관처럼 보여. 무덤 속에
 사람이 들어가 있는 거야 지금."
"우리가 죽겠다고 땅 파갖고
 드-갔잖아."

"경찰늠들이 너-무 많이 왔는데
 그걸 어째 다 그리노?"
"머리만 대충 동글뱅이 치가 기리까?"
"할매는 그러니까 지금 삼천 명을
 어떻게 저렇게 표현을 했을까?
 참 대단하네요. 머리만 저렇게
 해가지고 삼천 명 나타냈으니까."
"막 문대가지고 진짜로 막 구름 떼겉이
 몰리오는 거같이 마 그리 그맀네."
"할머니, 그림에다가 뭐라고 쓸까요?"
"어? 어! 개만도 못한 놈들.
 그래 쓰면 된다."

박후복 평밭마을

함께 싸워 온 우리

"애는 누구고 쟤는 누구예요?"
"초록색이 우리 편. 까만 게 경찰."
"새-까맣게 올라와서, 행정대집행 때.
 하이고야, 손이 아파 다 못 그리겠다."
"아따, 잘 그리네."
"경찰 수백 명 왔는데 이것 갖고 다 되나."
"그럴 수가 있나. 하물며 사람이
 태어나가지고 어찌 그렇게 무도하게,
 그렇게 했을까. 국민들을 그렇게 짓밟고."
"밤새겠다. 그러게 작작 좀 보내지.
 이기 마 경찰 그리다 날 새겄다.
 사람을 말이야 삼천 명씩 보내갖고
 와 밤을 새게 하노 말이다."

2017년 8월 3일 평밭마을 한옥순 씨 댁에서
그림 작업 중 한옥순 씨 구술

한옥순 평밭마을

함께 싸워 온 우리

"싸울 때 뭣이 생각나냐꼬? 글씨,
뭣이 생각나겠노? 송전탑, 산, 들, 하늘, 나무.
근데 암캐도 꽃하고 천막하고 밥그릇.
그기 서이, 그기 딱 떠오르네."

"몰라. 왜 그기 생각나는지. 그냥 우리 집 겉은 천막이 있었고
천막에서 밥그릇 놓고 요래 요래 둘러앉아가 밥 묵았고.
그카고 천막 앞에 마 꽃이 마 지천으로 피었고. 그기지 뭐."
"경찰이나 용역은 생각 안 나세요?"
"몰라. 말하니까 생각나는데, 당연히 생각이사 나지.
그캐도 대번에 딱 떠오르지는 않던데. 와 그란공 나도 몰라.
그래도 암튼 딱 생각나는 건 천막, 꽃, 밥그릇."

장옥수 용희마을

함께 싸워 온 우리

"그림 보이까네 그때 생각 나누마.
 요 우리 티셔츠 맞차 입고 조끼 맞차 입고 줄줄이 산에
 거- 올라가던 거 그거 그맀네. 하이고 마 씨가빻게 올라갔다, 참말로."
"니는 거 천막 있던 데 다시 함 올라가봤드나?"
"언제? 몬 간다. 우예 올라가겠드노? 그때는 참말로 무신 정신으로 올라갔던동 몰라.
 인자는 마 텍도 읎다. 인자는 마 기어가- 구블러가매 그래 가도 몬 갈기구마."
"인자는 마 도래 알라가 돼뿌가지고 몬 간다."
"몬 올라간다."
"나는 십만 원 주믄 가겠는데."
"십만 원 주도 몬 간다."
"오십만 원 주믄 올라갈란가."
"하이고 마, 텍도 없다. 난 오십만 원 줘도 몬 가겠더라."
"몬 올라가신다, 인자. 성님들."
"그래도 마 그때는 다들 대단하시더라.
 아침에 일찍 마 밥캉 물캉 싸갖고 올라가는 거 보믄."
"인자는 몬 간다."
"몬 가고말고."
"몬 가지러."

강순자 용회마을

함께 싸워 온 우리

"나는 뭐 생각 나는 기 새뱅이 없는데?"

"이게 다 새예요?"

"어. 천막 안에 드앉아 있으믄 마 새소리 참 장-하게 났거든.
새처럼 마 훨- 훨- 날아가뼸으믄 좋겄더라."

"여기 빨간 점이 사람이에요?"

"어. 우리 다 뻴건 티샤츠 입고 둘러앉아 있었거든.
765 옷은 꼭 챙겨 입고 다녔다카이. 마 별로 빨아 입도 몬 했다.
을매나 더럽었는둥 우리사 마 모리지. 우리 곁에 온 사람들은
알았던가 몰라도."

정순기 용회마을

함께 싸워 온 우리

"자, 나는 인자 다 그맀다. 인자 고마 할란다. 디- 죽겠구마."
"뭐 그리신 거예요?"
"움막."
"와~. 할 줄 모른다고 하시더니 잘만 해 놓으셨는데요."
"에잉, 잘하기는. 움막이사 몬 기리겠나. 맨날 천날 묵고 자고 핸 긴데. 집인데 집."
"다 기맀다고 인자 마 드-눕아삐는교?"
"내 힘들어 죽겠다. 힘들어가 안 그라나. 인자 고만하지."
"아직 좀 남았는데."
"나는 인자 몬 한다. 암튼 살다가 참 오만 출세 다 해 본다.
 우리 살다가 이런 기분은 난생처음이다."
"그러니까 마저 다 그리고 가셔야죠."
"몬 한다카이까. 오늘 마 생사람 잡는다, 마카."
"에이~."
"또 뭐 그리야 되는데?"
"와 그만한다 카드마 다시 일-나는교? 마 더 그릴라는갑지예?
 내 안 한다 칸다 캐쌓드마 혼자 제일 열심히 그리는구마."

장종필 용회마을

함께 싸워 온 우리

"11일 날. 2014년도 6월 11일 날, 침탈당할 때. 10일 날 밤에
비가 왔다꼬. 밤에 비가 오는데 9일 날부터 올라오는 길목을 전부 경찰들이
다 막았어요, 연대자들 못 오게. 다 막아 놔 놓이까네 이 사람들이,
여기의 산길을 모르잖아? 서울서 오고 부산서 오고 대구서 오고, 저기 뭐 저,
대전서 오고 이래 오는데. 모르니까 내리니까 이리 가이까 여도 길 막아,
저리 가도 길 막아. 다 길을 막아 놔 놓이까네 산으로 산으로 밤새도록 헤매다가.
난중에 이거 자꾸 전화를 하이끄네 휴대폰도, 충전기도 떨어지잖아. 떨어지고
까시밭에, 옷은 쫄딱 다 베리고 그래가지고 옷을 다 찢, 찢기고 이래가지고
새벽에 들어오는 사람이 있나, 하면은. 밤새도록 헤매다가 몬 들어오고
날이 새니까, 인자 딴 마을로 저쪽에 상동면, 단장면 저리로 인제 가는 기라.
'여게는 침탈당했다' 캐놔 놓니까. 그래가 새벽에 들오는 사람 끌어안고
얼마나 울었는지 몰라. 즈그도 울고 우리도 울고."

"그 사람들이 뭣이 답답해서르 서울서 대전서 그 밤새도록 응?
차 타고 내려오가주고, 오는 길목마다 다 막으니까 응? 그 막는 길 피해 피해
가면서르 밤새도록 산을 헤매가 새벽에, 아침에 들오고 하는 거. 너무 감동적이잖아요.
그래가 끌어안고, 즈그도 울고 우리도 울고."

2016년 7월 30일 위양마을 정임출 씨 댁에서 정임출 씨 구술

고준길 용회마을

함께 싸워 온 우리

"어짠지 아까 전화 안 받고 싶더라."
"그래 내가 암캐도 오늘 그림 기린다 소리 안 캤거든.
 그림 기린다 카믄 안 온다 할 것 같아가주고."
"그림 기린다 캤으믄 안 왔지."
"그래 내가 글터라꼬. 그림 그린다 카믄 안 오겠지 싶어가."
"안 왔다꼬, 그라믄."
"치아라 마. 기리기는 일등으로 열심히 해쌓드마.
 와 다 기리 놓고 안 기린다 캐쌓노?"
"또 할라카믐 열씸히 해야지. 안 글–습니꺼?"
"이렇게 큰 나무가 있었어요?"
"산에 아름드리 큰 나무가 있었어요."
"바람이 많이 불었나 봐요."
"네. 많이 불었어요. 천막 안은 그래도 마 좀 안온하고.
 사람이 마 와글와글하이 해가. 옹기종기 붙어가."
"니 참말로 눈 코 입 참하게 잘 기리 붙있다."
"우리 다 마 억쑤로 이쁘게 기리 놨네."

김필선 용회마을

함께 싸워 온 우리

"바느질, 연대자들이 맨 처음에는 여기에 데모하고,
여, 저, 도와주러 와가지고 경찰들과 대치해가 싸우고 할 때
몸을 갖고 같이 싸웠던 애들이라. 그때는 바느질 안 했어. 그래가
산에 가서 우리 동네 사람들이 농사를 짓고 하니까 사람이 다 부족하잖아.
그래 세 사람 팀을 짜가지고 인자 A팀이 오늘 가면, B가 내일 가고
막 이런 식으로 했어. 그럴 때 인원수가 한 세 사람 네 사람밖에 안 되니까
그, 부족하잖아. 그러니까 얘들이 오가 그 몸을 갖고 대치해줬어.
그때는 바느질 안 했어. 매일 산에 올라가서 그 했어, 그 연대자들이. 그러니까
연대자들도 매일 다 못 오, 못 오니까 오늘 한 다섯 사람 오믄, 내일 한 여섯 사람 오고
이렇게 해가 산에 올라갔어. 그리고 또 우리가 경찰관들과 대치해가 싸울 때
이런 거 다 연대자들도 했어. 그래 쟤네들이 인자 구속되고 그랬는 거야.
막 경찰관이 밀고 그러니까, '왜 미느냐? 할머니 보호한다' 카고 이래 보호하면,
인간 바리케이트라 카나? 뭐 그거 있지? 이렇게 하면 자기네들은 무기를 갖고서
하는 거라, 바리케이트를. 우리는 인간 몸을 갖고, 할머니 보호한다고 요래 하고.
밀치면 걔들이 밀치니까 가만히 못 있어 자기도 밀칠 것 아이가. 아 그러면
'한 달 구류, 한 달 뭐, 벌금 얼마' 이런 식으로 해는 거야.
그래갖고 쟤들 인자 다 고생했어."

2016년 7월 22일 용회마을 구미현 씨 댁에서 강순자 씨 구술

강순자 용회마을

함께 싸워 온 우리

"내가 마 한전놈들 들어올 때
 마 소나무를 꽉 붙들고 있었다.
 우야든동 우야든동 우리 좀 지켜달라꼬."

"소나무야 소나무야 우야든동
 송전탑 못 들어오구로 니가 마 잘 붙들어주라."

"이거는 무슨 나무예요?"
"굴참나무. 굴참나무라꼬."

장종필 용회마을

함 께 싸 워 온 우 리

"여-가 산이 억수로 깊어. 을매나 깊은지 몰라.
옛날 어른들이 가라치 나온다 카고 그라던 데라. 한밤중에
그런 데를 올라가이 우예 됐겠노? 경찰들이 사방을 막아 놓-이
우리가 할 수 없이 길도 아닌 데로 돌아 돌아 험한 데로만 간 거라.
저짝에서는 인자 난리가 난 기지. 집에서 출발했다는 사람들이
몇 시간이 지났는데도 안 나타나이. 그때 사람들이 우리 못 찾았으믄
큰 날 뻔했다꼬. 우리가 마 사람 꼴이 아니었다고. 몇 시간을 산을
헤매 놓-이 머리카락이고 어데고 온 전신에 나무 까끄래기 붙어가 있고.
제정신이 아닌 기지, 그때는. 그 천막 올라가는 길이 그래 높고 깊었다꼬."

유순남 여수마을

함께 싸워 온 우리

"몰라. 나는 거창하게는 몬 기리겠고.
데모하러 가던 길.
그라고 그 길에 있던 나무.
그 길 따라 쭉 가믄 산.
산에 구름도 있고.
그라고 그 길에 내가 있지.
사람들이 있다꼬.
사람들이 있으이 간 기지.
혼자믄 우예 갈 생각을 했겠노?
엄두도 몬 내는 기라."

김무출 여수마을

함께 싸워 온 우리

"우리가 땅굴로 파 놔 놓은 그 땅굴 안에 들어가가지고,
개목걸이 안 있어요? 그거를 허리에 감고 목에 감고 쇠말뚝에 매고.
그래 감아가 매고, 이렇게 해 놓고 있었는데. 그, 129번 마을 주민들이
어떻게 했노 하면은, 여자들이 옷을 할랑 다 벗었어요. 왜 벗었냐?
'이렇게 벗고 있으면은 경찰이고 인력들이고, 못 뿌사내겠지' 그카고.
할랑 다 벗고. 쇠고리 그거 감고 있었는데. '비끼라' 소리 한마디 없이
'옷 입으세요' 소리 한마디 없이, 개 끌듯이 끌어냈어요.
끌어내고 수녀님들이 우앴노 카면은, 그 굴 안에 못 들어가게끔 밖에
차악 이래 눕었는데, 수녀님들로 우앴는고 하면, 이기 다리 겉으면 거꿀로 들고,
끄사냈어요. 거꿀로 드니까 수녀님들 옷은 치마잖아? 다 벗겨지고.
그 당시에 수녀님들이 팔 절골이, 두 분이 팔이 절골됐어예. 그래 꺾이 나갔죠.
그래 가고, 끄사내고 그 알몸으로 있는 주민을 전부 개 끌듯이 다 끄사내고.
그거 하는 데요, 20분도 안 걸렸어요. 그래 끄사내는 데."

2016년 7월 30일 위양마을 정임출 씨 댁에서 정임출 씨 구술

박정숙 여수마을

함께 싸워 온 우리

"산이 이래 높고
거기 송전탑이 있고
산에 올라가는 길이 이-래 높고 멀고 험해.
거기를 우리가 올라갔어.
손톱으로 까래비가미.
밤이고 낮이고 올라간 기라.
새벽에도 용역 아-들 온다 카믄 마 일-나가 산에 올라갔다꼬.
캄캄해가 암-것도 안 보여. 그래도 마 가는 기라.
죽을 동 살 동 올라갔다고.
딴 기 없어.
산에 송전탑 세운다카이,
송전탑이 거 있으이까네 올라간 기지."

안뙨

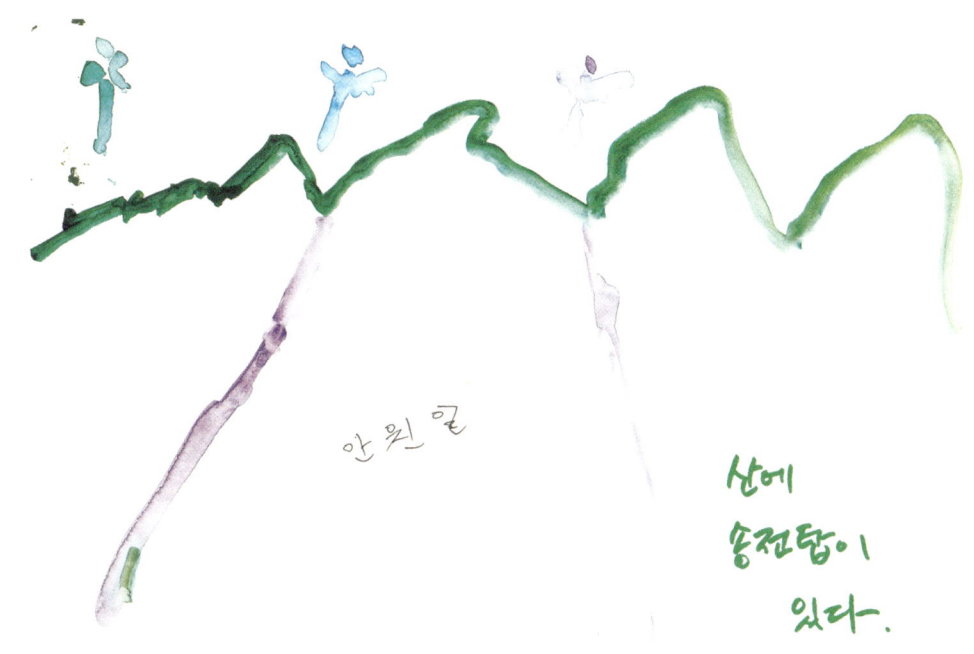

안원일 여수마을

함께 싸워 온 우리

"나는 뭐 생각나는 기 읎다.
그냥 내 마음이 일―타꼬.
송전탑만 보믄 내 마음이 일―타꼬.
저 산 너매에 해 넘어가는 거 보믄 좋았는데
인자 창문 너매로 내다보기도 싫어.
창문 너매로 송전탑 비는 거 꼴도 보기 싫어."

"마음이 너무 심난해."

"내 마음이 일―타꼬."

손수상

손수상 여수마을

함께 싸워 온 우리

"그림으로라도 함 기리보는 기지. 살기 좋은 우리 마을은
인자 물 건너갔다꼬예. 마을이 진즉에 두 동강이 났어예. 자식새끼들 같이
키우던 이웃들끼리 아―들 보는 데서 부모들끼리 싸우고. 마 회관 앞에서
고함을 지르고. 상을 엎고. 그런 거를 우리 아―들이 다 본 거 아이라예.
자기 친구 아버지가 자기 엄마한테 막 함부로 하는 그런 거를 다 본 거죠.
그라이 나중에라도 우예 화합이 되겠습니까? 안 그래예?"

"여 참 화목했습니다. 이 마을에, 몇 집 안 되고, 전부 다 외지에서 온
분들이지예. 그분들이 모여가지고 이렇게 화목하게 되기는 참 어려운 데라예.
원래 있은 사람 아니고 전부 외지에서 들어온 분들이거든예. 근데 철탑
저게 해결이 돼야만 어떻게 해결이 될란가, 안 그라고는 지금은 화합하기가
굉장히 어려워예."

"사실은 인자 이 마을에서 살기가 싫어요. 마을 안에서 찬성파, 반대파가
갈라져 있으이까네. 시골은 도시캉 다르다꼬. 눈만 뜨면 보고 눈만 뜨면
만나는데 뭐. 길이라고 해 봐야 한 길뿐인께로. 옛날에는 성님, 동상 하면서
서로 잘 지내다가 이제는 찬성, 반대로 갈리가 있으니까 그쪽도 우리
보기가 힘들고, 우리는 우리대로 밉고 힘이 들어가 마 딱 죽겠다."

2017년 1월 24일 평밭마을 김길곤 씨 댁에서 김길곤 씨, 이보학 씨 구술

김영자 여수마을

함께 싸워 온 우리

"그래도예. 한가족 같애. 나, 우리는 다 같은 처지 아입니까, 똑같은
처지다 아입니까. 그 사람이나 우리나, 뭐. 그래 내도, 지금도 그래. 나는 대구
이런 데도 참 병원 한 번씩 가면 대구 시청 앞에 가면, 참 이래 서고 있는 사람.
전에 같앴으면 '저 사람들 왜 서지?' 저거는 아니지만 '뭘, 나라에 무슨 원망이 있어서
저거 데모를 하느냐'고 이카지. 지금은 아니거든. 지금도 내가 생각하면 '우리 동
휴고(쉬고) 내가 저거 좀 해 주고 해면 좋겠는데 내가 바빠서 대구 못 가겠다' 카면서.
아이고, 지금도 경주대병원에 거 가면은, 그거 저기 저 이름 뭐꼬 저 노조 하,
그거 하는 사람 있어예, 비정규직이지예. 그거 참 안됐어요, 보면은, 응."

"다 같은 처지 아입니까. 그런 사람들이 힘이 없어서 그래 되잖아요.
우리도 힘없어서 이래 됐잖아예, 예? 그것도 힘만 있으면
안 그렇다 아입니까 그래, 전부 다예."

"데모하는 사람들이 테레비에 나오면은 '저거 배가 불러 저 칸다'고 캤다
아입니까. 그런데 지금 가만 생각하이께네 전부 다 사정이 있고. 다 같은
우리 또, 우리도 똑같은 처지라예, 힘없는 사람이 전부 다, 그거 권력자에 의해.
높은 사람들은 그런 거 안 그런, 그런 거 없잖아예."

2016년 9월 24일 고정마을 안병수 씨 댁에서 김영순 씨 구술

조원규 금호마을

정용순 고정마을

"그렇게 즐겁던 대보름에, 즐겁던 시절이 있었는데 왜 이, 그 돈이 뭔지.
또 이 집에는 요 동네 전부 다 아지매, 전부 뭐 그렇는데 저짬시 보이면 돌아서서
딴 길로 가버리고. 그런 게 내가 볼 때는 너무 안타까운 거라. 나는 처음에 요
이사 와가지고 누 집에 일한다, 밭에서 일하면 나는 그때 농사가 없고
이래 하니까 가서 거들어주고 여도 거들어주고 여도 거들으고, 가위 사가지고
호주머니에 넣어가 댕기면서 이 집에 감 따면 가서 감꼭지 따주고

> 이 집에도 감꼭지 따주고 이 집 양파 심으면 양파, 하지는 못하지만은
> 가리키주면 하거든예. 노동일이라는 게, 농사일이라는 게, 넘의 머릿속에 있는 글도
> 빼앗아 오는데 그거 못 하겠습니까. 그래갖고 몇 년을, 그렇게 해갖고 내가 촌사람이
> 되어갖고 사는 게 너무 즐거웠는데, 지금은 마, 사람이 만날까 싶어서도 무섭고,
> 서로서로 피해가 다니고. 그러니까 이 동네에 살아야 되나 말아야 되나,
> 이게 지금 딱, 그런 마음이 딱 생깁니다, 지금."

2017년 1월 21일 고정마을 안병수 씨 댁에서 정용순 씨 구술

박손련 위양마을

"109번 가가 자고 갑빠 깔고 비닐 덮고
　드러누버가 자는데 추버가 한숨도 못 잤다."

"그라고 마 밤이고 낮이고 들바다보는데 마 잠을 잘 수가 있나,
　화장실을 갈 수가 있나."

"하이고 마 그 많던 용역 아―들을 우찌 다 그리겠노."

"다 안 그리셔도 돼요."

"그라믄 마 우리 편은 예쁘게 기리고 쟈―들은 마 대충 기리야겠다."

2017년 8월 24일 고정마을 안병수 씨 댁에서 그림 작업 중 참여자들 구술

김말순 고정마을

함께 싸워 온 우리

"경찰 아—들이 마 새카맣게
　몰려 올라오는 기라.
아이지 화이바 때문에 빛이 비치가
마 반짝반짝했다꼬.
나— 많은 할매들이고 하이께네
마 대충 해도 될 낀데 이놈들이
어찌 극악시럽게 하는지. 그래가
내가 그캤다꼬.
'너놈들은 에미 애비도 없나' 카고
말이야. 소리를 막 쳤다꼬, 내가."

김진명 고정마을

"내가 어찌 부애가 나는지.
이놈아–들이 생전 입에 담도 못할
욕을 하는 기라, 우리한테. 그라이
마 보골이 차이까네(약이 오르니)
나도 마 욕을 마 쌔리 해뿌렸어.
뭔 욕을 했는지도 몰라. 기억도 안 나.
그냥 입에 주– 상키는 대로 마
씨부린 기라."
"니 그림은 뭣이 이래 뻘간 기 많노?"
"우리 입던 티셔츠. 그기
빨간색이었다이가."
"그카믄 입술은 다 화장을
해가 이래 뻘간 기가?"
"언제? 우리가 화장할 여가가
어데 있었노? 욕! 욕이다, 욕!"
"아~. 이 뻘간 기, 이 입에서 나오는
기 이기 다 욕이라 이 말이네?
아따 니 똑똑타."

김쾌늠 고정마을

"손가락이 아파갖고
다 그리도 몬 하겠다.
이거보다 훨-씬 많이 왔어요.
아주 그냥 빽빽하이 왔다꼬.
우리는 마 그 춥고 습한 데 비닐
쪼가리 하나 이래 나눠 덮고 누웠고.
쟈-들은 우리 떠매 갈라꼬 눈이
시뻘가이 해가 온 기라.
또 어떤 경찰들은 완전 알라라.
새파라이 어리갖고 마 벌벌
떨더라카이. 그래가 우리가 몸싸움할
때도 마 '야, 야, 여 아-들 다친다
살살 좀 밀어라' 카고.
마 보호해 주고 그랬다카이.
다 자식맨키로 그란께. 묵을 거
있으믄 요래 살째기 좀 나눠 주고,
그랬어."

김계옥 고답마을

함께 싸워 온 우리

"2008년 요때도 빠져나갈 사람은 나가삐고.
그래도 몇 사람이 남아가 인자 송전탑을 막겠다고 궐기대회를 한 기라.
그래가 이수암, 김진홍이, 내캉 이래 해갖고 삭발하고 구호 외치고 마 이래 했다꼬.
그때 밀양 시민도 에북(제법) 모있어. 내가 마 그때 생각이 나네."

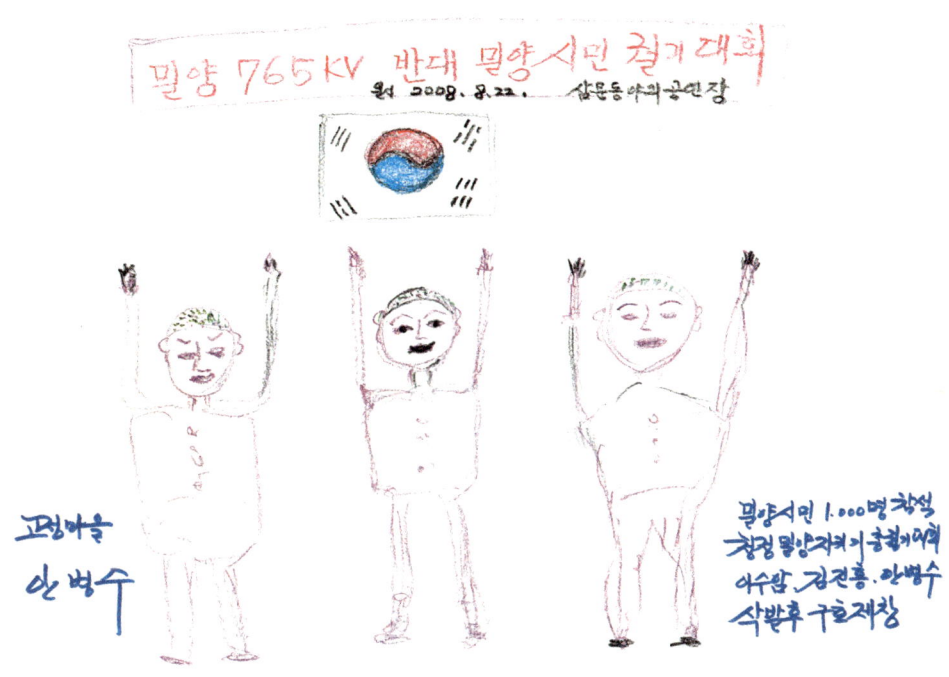

안병수 고정마을

함께 싸워 온 우리

"109번 농성 천막서 마 한뎃잠 자고.
마 몸이고 뭣이고 마 정신이 없어.
밤새 시달리지, 용역들이랑 싸우지
하이까네. 인자 자고 내려오는데
저 멀리서 인자 수녀님들이 올라오시는
기라. 어찌 반갑든지. 반가우면서도
서럽고 그란 기라. 그래가 마
서로 부둥켜안고 울었다꼬.
을매나 울었는동 모린다.
마 그때 생각이 젤로 나네."

장문선 고정마을

함께 싸워 온 우리

"우리는 마 움막에다가 구들을 깔고 마 그캤다꼬.
그래가 아주 뜨끈뜨끈했어요. 마 말 그대로 집이지, 집."

"우리가 안 후지끼이갈라꼬(끌려가려고) 막 사지를 묶고 마 눕아 있는데
경찰들이 와갖고 마 우리를 시체 떠매듯이 난짝 들어가 델꼬 나가는 기라.
사람이고 뭣이고 없어. 그냥 짐짝이라 짐짝. 순식간에 마 다 털릿지.
그래 공들이가 지았는데, 마 순식간에 털리뿠어.
그라이 행정대집행 하믄 안 잊긴다꼬."

권영길 위양마을

함께 싸워 온 우리

구미현 용회마을

"음악회가 한 몇 번 있었거든요.
 그럴 때 인자 막 다른 데 분들도 불러서 같이 하고.
 밤중에 불 켜 놓고 음악회 하고. 그런 거 참 좋았어요.
 밤중에 뭐 하는 게 참 재밌데예.
 밤중에 앉아서 막 그거 자리 깔고 앉아가 도란도란 이야기하고.
 이런저런 이야기하고 그랬던 거. 또 움막 안에서 이제 또 서로 이야기하다가
 또 불 끄고 하면 또 노래 부르고."

"2월 달부터 행정대집행 때까지 그 계절, 이제 겨울에서
어 여름 초입까지 그 꽃 피고 하는 거 그게 산에서 그게 참 좋더라고예.
그 조금만 가면 진달래 군락지거든예.
그래서 그 진달래가 확 펴 있는 그거 다 볼 수가 있었고, 또 밑에서
올라오면 '막 저리로 가라, 빨리 진달래 보고 온나' 카고 보내고 했던 것.
막 그때 용식이라 카는 개도 키웠거든요.
그래가지고 막 나도 개 똥 뉘러 한 번씩 갔다 오고, 아침마다.
그런데 거기서 맨 처음에 움막 짓고 맨 처음에 저 양반하고 내하고 둘이 잤는데
그렇게 잠도 잘 오고 왜 그렇게 편한지 하나도 안 무서웠어요, 산인데도.
정말 하나도 안 무서웠어요.
멀쩡한 집 놔두고. 사실 바닥은 울퉁불퉁하거든예. 울퉁불퉁한데도.
이 머리맡에 막 쥐들이 왔다 갔다 하거든예. 그래도 거기 그-래 편한데.
그래 뭐 '밑에서 오는 사람들 또 뭐 맛있는 거 갖고 오노' 막 기대하고
그런 것도 재밌었고 그랬죠."

"그래, 집 같았어요, 집.
그래서 행정대집행 때 움막 철거될 때
어찌나 내 살던 집이 무너지는 것 같고 그렇던지.
그래서 같이 있던 연대자가 만든 다큐멘터리 영화 제목이
'즐거운 나의 집'이잖아."

2016년 7월 24일 용회마을 구미현 씨 댁에서 구미현 씨 구술

참여자들 공동 작업

함 께 싸 워 온 우 리

김옥희 용회마을

"연대자들이 너무 착하게 우리를 도와주고, 형제, 부모 형제들도
그만하라고 난린데. 그 사람들 막, 뭐 싸가지고 와가지고 위로하고, 불편한 거
없는가 매 그냥 눈여겨보고. 가족들처럼 보살펴주고 그러니까, 우리는 뭐,
형제나 자식이나 다시 얻은 거처럼 그냥 그 사람들 보면 너무 좋고 그냥 서로 그렇지 뭐."

"아 그냥 뭐 올라가면 뭐 마음이 후련하고 편안하고 눈에 일 안 보니까
일 안 해도 되고. 연대자들이 줄줄이 찾아와 주고. 그러니까 집에 내려오면
나는 남의 집에 올라온 것처럼 '빨리 올라가야지' 하고. 저 빨리 밥 해 놓고
빨리 또 먹을 거 챙겨가지고 올라가느라고."

"우리 밀양 사람들 왔다는 것만으로 해도 자기네들이 힘이 되는갑드라고.
그래서 우리가 거기 가줘야 된다. 우리가 도움 받았으니까 가가지고 거기서
힘을 줘야 된다. 그래갖고 우리 밀양 765보다도 더 심각한 데가 있더라고.
그런 사람 보니깐 진짜로 뭐 우리는 그래도 그냥 그 정도는 아닌데, 참말로
슬쩍 지나가는 말로 들어도 마음이 그래 무겁고 그렇더만은,
어떻게 지냈을까 싶은 걱정이 되더라고.
그런데도 활발, 활발하게 우리가 가니까 너무 활발하게 대해주고,
우리 걱정을 더 해주고 하는 거 보니께 인자 아, 댕기면서 이래 이런 데도
가가지고 들을 만하구나 싶어가지고. 많이 공부가 많이 되는 거지, 그러니께
인생 공부. 그러니까 농사만 짓고 밭 맸으면 그런 걸 못 해 볼 건데, 765를 만나가지고
안 해 본 거 없이 다 가 볼 데 다 가 보고, 만날 사람 못 만날 사람 다 만나 보고
좋은 사람 많이 만나고. 그런 게 또 좋은 거 같아, 인생에서."

"인자 종이 신문지 뜯어가지고 찢어가지고 던지고 울고불고 전부 다.
너무 어렵게 싸운 그 생각하니께는 눈물이 절로 나고. 그 우는 거, 웃고, 떠들고.
이자 막, 그러는 거를 힐링해가지고 인자 병을 인자 많이 낫아라고 인자
힐링을 시켜준 거 아닙니까, 대책위에서. 그런 것도 너무, 감동받아가지고
진짜 우리 힐링 많이 하고 오고. 지금도 어데 가면은 대접 많이 받는다 아입니꺼.
서울 같은 데 가면은, 농사만 지으면 그런 거 옥희라 하고 누가 알아보겠노.
가면은 나 보면 영화 봤던 사람들은 다 알아보는 거라 그냥.
옥희 언니 옥희 언니. 민망해서, 나는 모르는데 그냥
알아보니까 좀 이상해. 기분이 좀 이상해가지고
그냥 아이고 '어떻게 아나' 그러는데, '영화 봤어요!
영화 봤어요!' 이러는데 '아, 영화에 나오긴 나오지'."

2016년 7월 24일 용회마을 구미현 씨 댁에서 김옥희 씨 구술

박은숙 동화전마을

"이게 뭐 만드는 거래요?"
"문패요. 일회용 접시에 이렇게 찰흙을 붙여서 색칠하는 거예요."
"이래 집집이 문패 만들어 달아 놓고 마주 보면서
 행복-하게 살 날이 오겠습니꺼?"

"할매들이 회관에는 가시지만 마음으로 섞이지는 못해요. 마음의 벽이 있어서."
"혼자 계시는 할머니 한 분이 있는데 한번은 골목에 마주 보는 집
 손주가 나와가 떡 인사를 할라 카이까 그 집 할아버지가 저 할매한테는
 인사하지 마라꼬 캤다는 거라. 그 할머니 마음이 어땠겠어요?
 그라이 할머니들이 이중 삼중으로 힘든 기라요. 이웃들한테 그런 대우를 받으이."

2017년 1월 24일 밀양 시내 카페에서 동화전마을 김정회 씨, 박은숙 씨 구술

권귀영 동화전마을

"록키. 우리 집 개. 쟈-가 있어가
 내가 하-나토 안 외롭다꼬. 저번에 와서 봤지예?
 지캉 내캉 둘이 의지하고 산다 아이가."
"언니~. 나는 우리 집 아-들 이름 넣어가 만들랍니다. 이거 매달 날이
 올랑가 모르겠어요. 마 마음 맞는 사람들끼리, 우리끼리 모여 살믄 좋겠구만은."

강귀영 동화전마을

"연대자들 오믄 엄청 힘이 된다꼬. 쪼그마한 아―들까지 와가 같이
흙 져 날라다가 같이 황토방, 저 사랑방 만들었잖아. 사람이 북적북적하고.
힘든 줄 몰랐어. 연대자들 때문에 싸운다니까. 희망을 잃고 있다가도
연대자들 오믄 다시 희망이 막 생겨. 그래가 희망을 갖고 싸우는 기지.
연대가 희망이라는 걸 그키 알았다카이."

2017년 1월 24일 동화전마을 권귀영 씨 댁에서 권귀영 씨 구술

함께 싸워 온 우리

"우리 같은 경우는 뭐 책을 읽고 책 토론도 하고 하지만, 주민들하고 뭐 얘기하고, 놀아요. 기다리는 거예요. 언제 올지 모르니까. 기다리는데, 직전에 어, 어 '우리 이렇게 그냥 있지 말고 바느질이나 하자' 이런 얘기를 한 거예요."

"어르신들은 이렇게 힘들게 했는데, 송전탑은 들어섰고, 허무해지고 허탈해지는 거예요. 여기서 인제 그 송전탑 바라보면서 살아야 되는 주민분들이 계시고. 근데 그때 우리가 행정대집행을 앞두고 이렇게 있지 말고 바느질이라도 하는 건 어때 했던, 인제 잠시 나왔던 이야기 가지고 우리가 시작을 한 거죠. 다시 어, 연대자들 모으고, 어르신들 모으고 우리 아직 어, 연대자들 기억 다 하고 있고, '다 이제 같이 다 살자' 살자 표현이 웃기긴 하다. '송전탑 밑에서 우리 그냥 우리끼리 재밌게 있자' 그렇게 시작을 하게 됐죠."

"막상 와서 해 봤을 때, 뭘 저희가 이제 다시 이렇게 알고 시작한 게 아니고요, 그때부터는 일 때문에 시작했는데, 딱 해 보니까 그게 치유가 되는 거예요. 이 단순한, 단순 반복하는 바느질이 그동안 우리가 막 상처받았던 스스로한테, 아니면 서운했던, 분노 이런 것들이 가라앉아지는 게 느껴졌어요. 그리고 이 바느질을 하면서 그런 얘기들을 서로 하는 거예요. '그때 니가 어땠지? 그때 내가 얼마나 마음이 아팠는지 아냐?' 예. 이런 얘기를 하면서 바느질을 하게 되면서, 아 우리가 아까 잠시 잊었던 사람이잖아요. 거기 위에 있을 때 서로 즐거운 일, 서로 마음을 살피는 일, 이런 일을 바느질을 하면서 다시 알게 됐죠. 깨닫게 됐죠. 그래서 뭐 우리가 흔히 하는 일 있잖아요. 느리게 사는 삶. 뭐 소박한 삶 이런 것들이 어떤 의미인가를 좀 다시 깨닫게 됐다고 할까요? 저는 101번 산에서 그거를 맛봤고요. 그 다음에 내려와서 다시 바느질을 하면서 다시 하, 그래 이런 거구나. 그냥 이렇게 훅 가서 사 입고 이런 거 아니고. 저는 저 바느질 안, 못 하거든요."

2016년 7월 22일 용회마을 구미현 씨 댁에서 바느질방 모임 참석자들 구술

참여자들 공동 작업

구미현 용회마을

함께 싸워 온 우리

"아, 제일 못하는 사람이에요. 근데 저의 가치가 뭔지 아세요?
'ㅇㅇㅇ도 한다. 괜찮다.' 이래서 못하는 사람들이 와서, '쟤보다 내가 낫다' 이러면서 또 당당하게 하게 하는 역할을 하는 거예요. 그 정말로. 예. 그래서 큰 역할을 하죠. 못하는 걸로. 어쨌든 그러면서 예, 못하는 사람도 잘하는 사람도 예, 하면서 어, 이게 '내, 내가 바느질해서 만들어냈네?' 그러면서 너무 뿌듯해하고 그러면서 이제 서로 좋았던 게 있고. 하나는 또 뭐가 있냐면 계속적으로 연대할 때 그 저쪽 다른 마을 사람들이 계속 분쟁이 일어나잖아요. 이렇게 마음이 상하고, 이렇게 할 때 어떤 얘기를 많이 했냐면,
'저 연대자들 믿지 마라. 잠시 너희 이용하고 떠날 사람이다. 그런데 너거 우리하고, 마을하고 잘 살아야지, 왜 쟤네들을 믿고 싸우느냐' 뭐 이런 얘기들이 사실 계속 돌았죠. 그리고 '그것 봐라. 이 송전탑 세워질 건데 왜 헛일 했냐. 너거가. 바보같이' 그러니까 이런 기류가 계속 있었던 거예요. 그런데 그런 속에 저는 그런 어르신들을 그냥 내버려 둘 수는 없다는 생각이 사실 들었어요. 우리 같이 했고, 그 다음에 그걸 같이 나누고 싶고, 그게 저는 연대라고 생각했어요. 그래서 뭐 만약에 세워져서 패배감을 느낀다면 그것도 옆에서 같이 하는 게 맞다고 생각이 들어서 저도 계속 이 일을 하고 있는 거 같애요. 그래서 지금도 밖에서는 아마 그런 사람들 있을 거예요.
'왜 밀양 싸움 다 끝났는데 쟤네들은 저기 가서 일해? 다른 일 안 하고?'
그래서 제 그런 얘기 듣거든요. 예. 그런 비난을 앞에서든 뒤에서든 사실 하는 분위기가 있죠. '얼마나 할 일이 많은데 끝난 밀양 싸움을 아직도 해?' 이게 아마, 예, 그렇게 생각하는 분들이 꽤 많을 수도 있다고 생각이 들어요. 그런데 저는 어, 물론 할 일 되게 많아요. 이 세상에 그죠. 도움이 필요한 데도 많지만 저는 내 삶에 대해서 같이 이 패배도 같이 겪어 나가고 하는 게 저는 진짜 연대가 아닌가."

2016년 7월 22일 용회마을 구미현 씨 댁에서 바느질방 모임 참석자들 구술

고준길 용회마을

함께 싸워 온 우리

용회마을/동화전마을
공동 작업

함께 싸워 온 우리

한옥순 평밭마을

박후복 평밭마을

송전탑을 뽑아냈다!
(평밭마을 박후복)

함께 싸워 온 우리

손달연 평밭마을

함께 싸워 온 우리

교육공동체 벗

교육공동체 벗은 협동조합을 모델로 하는 작은 지식공동체입니다.
협동조합은 공통의 목적을 가진 사람들이 모여서 만든 권력과 자본으로부터 독립된
경제조직입니다. 교육공동체 벗의 모든 사업은 조합원들이 내는 출자금과 조합비로 운영됩니다.
수익을 목적으로 하지 않기에 이윤을 좇기보다 조합원들의 삶과 성장에 필요한 일들과
교육운동에 보탬이 될 수 있는 사업들을 먼저 생각합니다.
정론직필의 교육전문지, 시류에 휩쓸리지 않는 정직한 책들, 함께 배우고 나누며 성장하는
배움 공간 등 우리 교육 현실에 필요한 것들을 우리 힘으로 만들고 함께 나누고 있습니다.

조합원 참여 안내

출자금(1구좌 일반 : 2만 원, 터잡기 : 50만 원)을 낸 후 조합비(월 1만 5천 원 이상)를
약정해 주시면 됩니다. 조합원으로 참여하시면 교육공동체 벗에서 내는 격월간 교육전문지
《오늘의 교육》과 조합통신을 받아 보실 수 있습니다. 출자금은 종잣돈으로 가입할 때
한 번만 내시면 됩니다. 조합을 탈퇴하거나 조합 해산 시 정관에 따라 반환합니다.
터잡기 조합원은 벗의 터전을 함께 다지는 데 의미와 보람을 두며 권리와 의무에서
일반 조합원과 차이는 없습니다. 아래 홈페이지나 카페에서 조합 가입 신청서를 내려받아
작성하신 후 메일이나 팩스로 보내 주세요.

홈페이지　communebut.com
카페　　　cafe.daum.net/communebut
이메일　　communebut@hanmail.net
전화　　　02-332-0712
팩스　　　0505-115-0712

교육공동체 벗을 만드는 사람들

※ 하파타순

후쿠시마 미노리, 황지영, 황정일, 황정인, 황정원, 황정욱, 황이경, 황윤호성, 황순임, 황봉희, 황미숙, 황기철, 황규선, 황고운, 홍정인, 홍유지, 홍용덕, 홍손성, 홍세화, 홍성은, 홍성구, 홍석근, 홍미영, 현복실, 현미열, 허효인, 허성균, 허보영, 허기영, 허광영, 함점순, 함영기, 한학범, 한지희, 한지혜, 한정혜, 한은옥, 한영옥, 한영선, 한승모, 한소영, 한성찬, 한봉순, 한민혁, 한만중, 한날, 한경희, 하인호, 하승우, 하승수, 하순။, 하광봉, 탁동철, 최희성, 최현숙, 최현미, 최진규, 최주연, 최정윤, 최정아, 최은희, 최은정, 최은숙, 최은숙a, 최은숙b, 최은미, 최은경, 최윤미, 최원혜, 최영식, 최영락, 최연희, 최연정, 최애영, 최애리, 최승훈, 최승복, 최슬빈, 최선영a, 최선영b, 최선경, 최봉선, 최보라, 최병우, 최미영, 최미선, 최미나, 최문정, 최류미, 최대현, 최기호, 최광용, 최경미, 최경련, 채효정, 채종민, 채윤, 채옥엽, 차종숙, 차용훈, 진현, 진주형, 진웅용, 진영효, 진영찬, 진낭, 지정순, 지수연, 주윤아, 주순영, 주수ان, 조희정, 조형식, 조현민, 조향기, 조해수, 조진희, 조지연, 조준혁, 조주원, 조정희, 조승현, 조윤성, 조원배, 조용진, 故조영희(명예조합원), 조영현, 조영숙, 조영실, 조영선, 조영란, 조여은, 조여경, 조수진, 조성희, 조성실, 조성대, 조석현, 조석영, 조상희, 조문경, 조두형, 조남규, 조경애, 조경아, 조경삼, 제남모, 정희영, 정희선, 정흥용, 정혜령, 정현진, 정현주, 정현숙, 정혜레나, 정태희, 정춘수, 정철성, 정진영a, 정진영b, 정진규, 정중현, 정종민, 정재학, 정이든, 정은희, 정은주, 정은균, 정유진, 정유숙, 정유섭, 정원석, 정용주, 정예슬, 정영현, 정영수, 정애순, 정수연, 정부교, 정보라a, 정보라b, 정미숙, 정명우, 정명영, 정득년, 정남주, 정광호, 정광필, 정광일, 정관모, 정경원, 전혜원a, 전혜원b, 전정희, 전유미, 전보선, 전병기, 전민기, 전미영, 전난희, 장효영, 장용월, 장현주, 장진우, 장종성, 장인하, 장인수, 장은하, 장은미, 장윤영, 장원영, 장시준, 장슬기, 장상욱, 장병훈, 장병학, 장근영, 장군, 장경훈, 임혜정, 임향신, 임한철, 임지영, 임중혁, 임종길, 임정은, 임전수, 임수진, 임성준, 임성빈, 임성무, 임선영, 임상진, 임동현, 임덕연, 이희옥, 이희연, 이효진, 이화현, 이호진, 이혜정, 이혜린, 이헌종, 이헌, 이혁규, 이항숙, 이한진, 이태영a, 이태영b, 이태구, 이충근, 이초록, 이진혜, 이진주, 이진숙, 이지혜, 이지현, 이지향, 이지영, 이지연, 이중석, 이준구, 이주희, 이주탁, 이주영, 이종찬, 이종은, 이정희a, 이정희b, 이재형, 이재두, 이재익, 이재두, 이인사, 이응휘, 이은희a, 이은희b, 이은향, 이은진, 이은주a, 이은주b, 이은영, 이은숙, 이은경, 이윤정, 이윤엽, 이윤선, 이윤미, 이유진a, 이유진b, 이월녀, 이원님, 이우진, 이용환, 이용석a, 이용석b, 이용기, 이영화, 이영혜, 이영주, 이영아, 이영상, 이연진, 이연주, 이연숙, 이연수, 이애영, 이승현, 이승태, 이승연, 이승아, 이슬기a, 이슬기b, 이순임, 이수정a, 이수정b, 이수미, 이수경, 이소형, 이성원, 이성우, 이성숙, 이성수, 이설희, 이선표, 이선영, 이선애a, 이선애b, 이선미, 이상훈, 이상직, 이상원, 이상미, 이상대, 이병준, 이병곤, 이범희, 이민아, 이민숙, 이민욱, 이미숙, 이미숙b, 이마라, 이문영, 이명훈, 이명형, 이매남, 이동철, 이동갑, 이도종, 이덕주, 이남숙, 이난영, 이나경, 이기규, 이근희, 이근철, 이근영, 이균호, 이광연, 이계삼, 이경진, 이경욱, 이경언, 이경아, 이경림, 이건진, 이건미, 이갑순, 윤홍은, 윤큰별, 윤지형, 윤웅원, 윤우람, 윤영훈, 윤영백, 윤여강, 윤석, 윤상혁, 윤병일, 윤규식, 유효성, 유재응, 유은아, 유영길, 유성희, 유성상, 위양자, 원지영, 원윤희, 원성제, 우창숙, 우지영, 우완, 우영재, 우승인, 우수경, 오혜원, 오중근, 오정오, 오은정, 오은경, 오유진, 오승훈, 오수미, 오세희, 오세란, 오상철, 오민식, 오명환, 오동식, 오경숙, 염정신, 여희영, 여태전, 엄창호, 엄지석, 엄재훈, 엄영숙, 엄기호, 엄귀영, 양지선, 양선주, 양은수, 양숙, 양영희, 양선화, 양선형, 양서영, 양상진, 안효빈, 故안혜영(명예조합원), 안찬원, 안지현, 안지운, 안지영, 안준철, 안정선, 안재성, 안용덕, 안옥수, 안영빈, 안순억, 안경화, 심상보, 심승희, 심수환, 심동우, 심경일, 신혜선, 신혜경, 신충일, 신창호, 신창복, 신중휘, 신은정, 신순숙, 신은경, 신유준, 신소희, 신미옥, 신관식, 송화원, 송호영, 송혜란, 송현주, 송진아, 송정은, 송인혜, 송용석, 송승훈, 송명숙, 송근희, 손호만, 손현아, 손진근, 손은경, 손소영, 손성연, 손미숙, 소수영, 성현주, 성현석, 성유진, 성용혜, 성열관, 성나래, 설은주, 설원빈, 선휘성, 선미라, 석옥자, 석경순, 서혜진, 서지연, 서정오, 서인선, 서은지, 서성주, 서혜림, 서승일, 서명숙, 서금자, 서강선, 상형규, 복현주, 복준수, 변현숙, 백현희, 백인식, 백영호, 백승범, 배희철, 배희숙, 배주영, 배정현, 배정원, 배일훈, 배이상현, 배영진, 배아영, 배성호, 배경내, 방등일, 방경내, 반영진, 박희진, 박희영, 박효정, 박효수, 박환조, 박혜숙, 박형진, 박형일, 박현희, 박현주, 박현숙, 박춘숙, 박춘배, 박철호, 박진환, 박진수, 박진교, 박지희, 박지훙, 박지혜, 박지인, 박지원, 박중하, 박정아, 박정미, 박은하, 박은정, 박은a, 박은경a, 박은경b, 박윤희, 박옥주, 박옥균, 박영실, 박영미, 박영림, 박신자, 박승철, 박숙현, 박수진a, 박수진b, 박수연, 박소현, 박세영, 박성현, 박성찬, 박성규, 박선혜, 박선영, 박복선, 박미희, 박명지, 박명수, 박도정, 박나혜, 박내현, 박나실, 박고형준, 박계도, 박경희, 박경진, 박경주, 박경경, 박건형, 박건진, 민형기, 민은식, 민애경, 민병섭, 故문홍빈(명예조합원), 문지훈, 문용석, 문영주, 문순창, 문순옥, 문수현, 문수영, 문수경, 문세이, 문성철, 문봉선, 문미정, 문경희, 모은정, 명수민, 마숙희, 류형우, 류창모, 류지남, 류정희, 류재향, 류우종, 류영애, 류명숙, 류경원, 도방철, 도방주, 데와 타카유키, 노영필, 노상경, 노미경, 노경미, 남효숙, 남주형, 남정민, 남유경, 남원호, 남예린, 남미자, 남동희, 남궁역, 날맹, 나규환, 김희정, 김희옥, 김홍규, 김훈태, 김효승, 김환희, 김홍규, 김혜영, 김혜숙, 김혜림, 김형렴, 김현진, 김현진b, 김현실, 김현정, 김현, 김헌택, 김필임, 김태훈, 김순규, 김천영, 김창진, 김찬영, 김진희, 김진향, 김진숙, 김진명, 김진, 김지훈, 김지연a, 김지연b, 김지미, 김지광, 김중미, 김준희, 김준언, 김주영, 김주립, 김종원, 김종성, 김종만, 김정희, 김정현, 김정주, 김정식, 김정섭, 김정삼, 김정기, 김정규, 김재황, 김재민, 김인순, 김이은, 김이민경, 김은희, 김은瑞, 김은주, 김은영a, 김은영b, 김은아, 김은식, 김은숙, 김은남, 김윤주a, 김윤주b, 김윤정, 김윤자, 김윤우, 김원석, 김우영, 김우, 김용훈, 김용양, 김용섭, 김용만, 김용란, 김요한, 김영희, 김영진a, 김영진b, 김영진c, 김영주a, 김영주b, 김영아, 김영순, 김연정, 김연일, 김연수, 김연미, 김숙아, 김애영, 김시내, 김승규, 김순천, 김수현, 김수진a, 김수진b, 김수정a, 김수정b, 김수경, 김소희, 김소영, 김세호, 김성진, 김성숙, 김성보, 김설아, 김선희, 김선우, 김선산, 김선미, 김선구, 김석정, 김석규, 김상희, 김상정, 김상숙, 김상기, 김봉석, 김보현, 김병희, 김병훈, 김병섭, 김병기, 김범주, 김민희, 김민곤, 김민결, 김미향a, 김미향b, 김미진, 김미숙, 김미선, 김무영, 김묘선, 김명희, 김명섭, 김동현, 김동훈, 김동일, 김도현, 김도연, 김도석, 김대성, 김다희, 김다영, 김남철, 김나혜, 김기용, 김기오, 김기언, 김규향, 김규태, 김규리, 김광민, 김광평, 김고종호, 김경일, 김경엽, 김경숙a, 김경숙b, 기현훈, 기세라, 금현진, 금명숙, 금명순, 권희중, 권혜영, 권태윤, 권자영, 국찬석, 구희숙, 구자혜, 구자숙, 구완회, 구수연, 구본희, 구미숙, 꽹이눈, 광효, 곽혜영, 곽현주, 곽진경, 곽노현, 곽노근, 공현, 공영아, 고춘숙, 고진선, 고은정, 고은미, 고윤정, 고유준, 고영주, 고병현, 고병영, 고민경, 강현주, 강현정, 강헌이, 강한아, 강태식, 강진영, 강준희, 강인성, 강이진, 강은정, 강영일, 강영구, 강얼, 강순원, 강수미, 강수돌, 강성규, 강석도, 강서형, 강병용, 강경모

※ 2019년 9월 3일 기준 874명